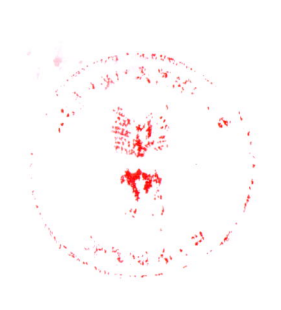

Langenscheidt

Nachbar – Deutsch
Deutsch – Nachbar

Nachbarn sind ein Geschenk –
Umtausch ausgeschlossen

von Franz Obst und Rolf Deilbach

Langenscheidt

Berlin · Madrid · München · Warschau · Wien · Zürich

Impressum

**Langenscheidt Nachbar – Deutsch/Deutsch – Nachbar
von Franz Obst und Rolf Deilbach**

Lektorat: Alexandra Bauer (textwerk, München)
Layout: Agentur Kopfbrand, München
Umschlaggestaltung: semper smile, München
Cartoons: Bettina Kumpe

Die Autoren
Franz Obst, 1957 in Dernbach geboren, studierte Jura und klassische Archäologie an der Uni in Bonn. Während seines Studiums arbeitete er als Reiseleiter, später als Chauffeur für das Auswärtige Amt, Botschaften sowie Firmen wie NBC und Twentieth Century Fox. 1989 gründete Obst seine eigene Kanzlei in Koblenz, seit 2004 ist er auch als Mediator tätig und Vorsitzender des Landesverbands Rheinland-Pfalz e. V. des Deutschen Mieterbunds. Bekannt ist er den meisten Fernsehzuschauern aus der „RTL"-Doku-Soap „Nachbarschaftsstreit".

Rolf Deilbach, geboren 1962, lebt mit seiner Familie in der Eifel. Als Unternehmensberater plant er seit Jahren überwiegend Strategieprojekte für Medienhäuser und Verlage. Das Thema Nachbarschaft hat für Deilbach, der berufsbedingt einige Wohnort- und damit verbundene Nachbarschaftswechsel erlebt und genossen hat, einen hohen Unterhaltungswert – gelegentliche Spannungen und Reibereien inklusive. Gemeinsam mit seinem fachlich versierten Freund Franz Obst hat sich Deilbach nun humorvoll dem nachbarlichen Miteinander angenommen.

© 2012 by Langenscheidt KG, Berlin und München
Satz: kaltner verlagsmedien GmbH, Bobingen
Druck und Bindung: Stürtz GmbH, Würzburg
ISBN 978-3-468-73845-6
www.langenscheidt.de

12010

Liebe Leser,

Nachbarn sind meist ein Geschenk. Eines, das man sich – wie bei Geschenken üblich – nicht selbst aussuchen darf. Auch ein Umtausch wird, zumindest in der Regel, nicht gebilligt. Deshalb ist und bleibt Fakt: Gute Nachbarschaft stellt einen echten Aktivposten dar. Egal, ob sie auf kilometerweite Distanz oder Wand an Wand stattfindet.

Und die nachbarschaftliche Wohngemeinschaft ist nicht immer ein Ponyhof. Sie kann – von jetzt auf gleich – zur Kampfarena werden. Da hilft dann kein „Hü" oder „Brr" mehr, sondern nur  noch fest im Sattel zu sitzen. Manchmal eben auch „Attacke!". Verantwortlich dafür sind Nachbarn, die keiner braucht, geschweige denn sich wünscht: Pedanten, Ignoranten, Nörgler, Klugscheißer & Besserwisser, Schnorrer, Krawallbrüder (und natürlich -schwestern), Rotzlöffel … die ganze Bandbreite der Sorte „fiese Nachbarlinge". Sie lächeln dich an, aber in ihren Augen steht geschrieben: Dich schaffe ich, du weißt es nur noch nicht!

Selbst wenn sie sich anfangs zivilisiert und friedfertig verhalten – das dicke Ende kommt meistens. Ab da benötigt jeder Betroffene wahlweise gute Anwaltskontakte und/oder eine leistungsbereite Rechtsschutzversicherung. Oder man hilft sich selbst. Getreu dem alten Sponti-Spruch: „Wer sich nicht wehrt, der lebt verkehrt!"

Wer seine Nachbarn einschätzen kann, hat es jedenfalls leichter. Und spezifisches Know-how, wie man beispielsweise zu entspannten Nachbarschaftskontakten kommt, oder über kreativ gestaltete Konfliktbewältigung – ohne eigenes Infarktrisiko oder Loch im Kopf des Nachbarn – hilft immer. Deshalb haben wir augenzwinkernd dazu Wissenswertes zusammengetragen. Als Buch für, gegen und über die liebe Nachbarschaft. Ein kleiner, humorvoll überzeichnender Ratgeber über Mitmenschen der eigenen Wohnumgebung. Inklusive Typenkunde und den vielen Problemzonen des nachbarschaftlichen Miteinanders.

„Nachbar – Deutsch / Deutsch – Nachbar" soll keinesfalls ein Brandbeschleuniger sein, sondern ein Plädoyer für heitere, entspannte und lebenskluge Nachbarschaftsverbindungen. Für jeden, der sich selbst nicht so wichtig nimmt und auch über seine eigenen Marotten und kleinen Schwächen herzhaft lachen kann. Denn Humor ist, frei nach dem englischen Schriftsteller und Karikaturisten William Makepeace Thackeray, eines der besten Kleidungsstücke, die man in Gesellschaft tragen kann.

Viel Spaß wünschen

Franz Obst   Rolf Deilbach

5

PS: Wer das Buch liest und sich in der Beschreibung des bösen Nachbarn wiedererkennt, der hat definitiv ein Problem: Es sollte ihn so nämlich gar nicht geben!

Alleine
oder maximal zu zweit

Spätestens seit der Schöpfungsgeschichte wissen wir, seine Nachbarn kann man sich nicht aussuchen. Sie sind Bestandteil eines großen göttlichen Plans ...

Wobei die Vorstellung, der Allmächtige hätte sich anders entschieden und dem Menschen zur Prüfung seiner Standfestigkeit keine listige Schlange aus der Nachbarschaft, sondern  den gut ausgebildeten Hund von nebenan geschickt, durchaus einen gewissen Charme hat. Denn welcher kluge Hund hätte im Garten Eden – voller toller Stöckchen – mit der Nachbarsgattin über Sinn und Nutzen des Genusses von erkenntnisverseuchten Äpfeln diskutiert? Die Sache wäre sicher anders ausgegangen!

Egal und vorbei. Wir Menschen sind seitdem das Paradies wie auch unsere Unschuld los. Und Schlangen ihren Status als fair agierende und damit gut gelittene Nachbarn. Stattdessen leben wir mit unserer Unvollkommenheit und erfreuen uns dabei bis heute vorwiegend artgleicher Nachbarschaft. Und dies fast immer frei von schweren Sündenfällen, oder?!

Der Hausmeister

Ordnung muss sein. Handwerk ist sein Geschäft. Er – und wirklich nur er alleine – ist immer überall für beides zuständig. Und das rund um die Uhr!

8

Nachbar-Schnellcheck: *Hausmeister*	👍 👎
Handwerklicher Gebrauchsnutzen	🟢🟢🟢🟢🔴
Intellektueller Gebrauchsnutzen	🟢🟢🔴🔴🔴
Spaßfaktor	🟢🟢🔴🔴🔴
Stress- und Störfaktor	🔴🔴🔴🟢🟢
Ökofaktor	🟢🟢🟢🟢🔴
Nachbarschaftlicher Gesamtnutzen	🟢🟢🔴🔴🔴

Der Mann mit dem Werkzeugkasten wohnt direkt nebenan und verwechselt seine Befugnisse permanent mit denen des Eigentümers. Seine stehende Redewendung lautet: **„Ich und der Eigentümer haben beschlossen ...!!!"** Gleichzeitig sieht er sich als Haussheriff, aber ohne Knarre. Leider, denn er hält sie für sehr hilfreich …

Er hat viel in seinen Kästen. Und glaubt, auch einiges auf dem Kasten zu haben. Er weiß, wann jeder im Haus kommt und geht – sogar, mit wem jeder kommt und geht. Denn er hat alle Wohnungsschlüssel, die er großzügig benutzt. Schließlich vertritt er ja den Eigentümer. Ihm gegenüber verhält er sich allerdings wie der Hofhund. Gegenüber den Nachbarn natürlich auch, hier fletscht er jedoch die Zähne und wedelt nicht mit dem Hut.

Sein Revier sind die Flure, Höfe und Keller. Die bewacht er mit ganzem Körpereinsatz und rund um die Uhr. Wenn man ihn ruft, hat er eigentlich keine Zeit, sondern nur blöde Sprüche auf den Lippen: von wegen Flur putzen oder unsauberer Mülltrennung. Oder er liefert ungefragt seine Meinung über neue Nachbarn ab: **„Dass von denen einer ehrlich arbeitet, das können die dem erzählen, der sich die Hose mit der Kneifzange zumacht …"** Hat man sich das erst einmal angehört, legt er so richtig los. Für jeden seiner handwerklichen Handgriffe kennt er die immens teuren Preise, die man zahlen müsste, wenn es ihn nicht gäbe. Und bringt einen damit zwangsläufig zum Nachdenken, ob es nicht besser wäre, zu verarmen und sich dafür einen echten Fachmann kommen zu lassen. Ohne belehrendes Gequatsche und Gejammer über 36-Stunden-Tage im Dienste der Nachbarschaft.

Tipp: **Wollen Sie diese Sorte von Hausmeister auf Distanz halten, erklären Sie ihm einfach, Sie wären seit Kurzem Mitglied im „Kommunalen Beratungskreis zur Prüfung handwerklicher Berufsqualifikationen und Schwarzarbeitsprävention". Ab sofort wird Sie der Obrigkeitshörige wie den Bürgermeister behandeln! Und ansonsten in Ruhe lassen.**

Auf Gartenfesten erzählt er gerne von seiner aufregenden Zeit beim Militär: **„Das waren harte Jahre, in denen hab ich unheimlich viel erlebt, auch ganz gefährliche Situationen ... Dadrüber darf ich bis heute nicht sprechen, alles streng geheim!"** In Wirklichkeit hatte er zwar keine Fronteinsätze bei der Fremdenlegion im Kongo, saß dafür aber als Z4-ler beim Bund auf der hart umkämpften Amtsstube. Von da hat er immerhin seine Verteidigungsstrategien gegen Bobbycars, seine Täuschmanöver und das Tarnen seiner Kellerwerkstatt. Denn die Kellerwerkstatt mit Vierfach-Sicherung – Betreten strengstens verboten! – ist sein Privatbunker: die Kommandozentrale des Hausmeistergeschäfts.

Hier liegen neben Werkbänken und Werkzeugkästen seine geheimen Aufzeichnungen, auch schon mal Tonbänder oder Videos über die Nachbarschaft und deren Treiben. Dokumente und Dateien, an denen oftmals ein Staatsanwalt seine helle Freude hätte. Und zur eigenen Triebabfuhr die alte Bundeswehrkiste mit zwei Vorhängeschlössern. In ihr bewahrt der Hausmeister die wirklich wichtigen Sachen auf: seinen „Rohrreiniger", heimlich selbst gebrannten Korn mit 83 Volumenprozent. Und eine komplette Sammlung von Russ-Meyer-Filmen. Inklusive „Supervixens – Eruption", in der ungekürzten Originalversion von 1975. Er ist eben ein Frauenversteher und echter Mann. Was wollen Nachbarn mehr?!

Vielleicht das Nachfolgermodell, den Hausmeister aus Osteuropa. Weder mürrisch noch rechthaberisch ist er der ultimative Mister Right für jede Hausgemeinschaft und Haustechnik. Er kann nicht nur Haustüren das Quietschen abgewöhnen und Waschmaschinen reparieren, sondern auch Computer neu programmieren. Ein Meister des für die Ewigkeit geschaffenen Provisoriums. All das erledigt er akkurat, termingerecht

11

sowie mit einem sanften Lächeln und großer Geduld. Mit ein paar freundlichen – leicht erlernten – Worten auf Polnisch und hin und wieder einer kleinen Aufmerksamkeit kann leicht eine wirklich nützliche Freundschaft entstehen. Mit einem richtigen Hausmeister.

Nachbar zum Hausmeister	Deutsch
„Sie sind ja ein echtes Multitalent!"	Hausmeister, Spanner, Choleriker … wirklich sehr vielseitig!
„Von Ihnen kann man noch einiges lernen!"	In Sachen Selbstüberschätzung, Unvermögen und Blödheit!
„Und das haben Sie alles selbst konstruiert und eingebaut?"	Das schafft mein Fünfjähriger ja mit links. Und bei dem funktioniert es hinterher sogar!
„Da haben Sie aber heute wieder viel geschafft!"	Halbbesoffen herumschrauben kann schon ziemlich anstrengend sein!
„Ihre tollen Tipps sind echt Gold wert!"	Öfter mal die Klappe halten wäre Platin!
„Sie sind ja immer zur Stelle, wenn man Sie braucht!"	Und wenn man dich nicht braucht, garantiert auch!

Oberlehrer und andere Beamte

Oberlehrer

Mitmenschen mit beruflichem Sonderstatus. Es gibt so viele davon – einer wohnt fast immer in der Nachbarschaft.

Nachbar-Schnellcheck: Oberlehrer	👍	👎
Handwerklicher Gebrauchsnutzen		●●●●●
Intellektueller Gebrauchsnutzen		●●●●●
Spaßfaktor		●●●●●
Stress- und Störfaktor		●●●●●
Ökofaktor		●●●●●
Nachbarschaftlicher Gesamtnutzen		●●●●●

Vorsicht: Oberlehrer! Sie sind die dunkle Seite der Beamten-fraktion in der Nachbarschaft. Verbeamtete Hooligans. Ihre Springerstiefel sind Gesetzbücher, ihr Baseballschläger ist der Einschreibebrief! Sie toppen jeden benachbarten Ordnungs-amtsleiter um Faktor zehn. Der ist ein echtes Weichei im Ver-gleich zu seinen hammerharten Beamtenverwandten aus der Oberlehrerschaft.

Wenn so ein Exemplar – oftmals pensioniert – in der Nachbar-schaft aufschlägt, wird's gefährlich. Denn nur einem Oberlehrer gelingt es, einen Interessenverband oder eine Bürgerinitiative als Ein-Personen-Gruppe zu gründen. Und diese kampfkräftig, gesetzeskundig und wortgewandt gegen alles in Stellung zu bringen, was ihm nicht passt.

Hallo, wir sind die neuen Nachbarn!

Sie kennen weder Angst noch Rückzug, da sie den heiligen Krieg der Besserwisser und Ignoranten führen. Erst kommen die Regeln, dann der Unterricht und danach hagelt es schlechte Noten: **„Gut, dass ich Sie nie als Schüler hatte, Sie müssen noch viel lernen …"**

Tipp: **Die drei Top-Methoden, um von Oberlehrern verschont und gemieden zu werden:**
- **Staatsanwalt oder Steuerfahnder als Partner**
- **Ehrenmitgliedschaft im lokalen Rockerklub**
- **Resozialisierten Massenmörder als Untermieter**

Sobald Oberlehrer ein Haus oder eine Straße in Besitz nehmen, legen sie los. Außerhalb der nächtlichen Pausen weht ab jetzt ein anderer Wind durch die Nachbarschaft. Putzdienst im Flur und Schneeschippen im Winter: endlich feste eingeteilt.

Wer unentschuldigt fehlt, kriegt einen Eintrag bei der Hausverwaltung oder dem Ordnungsamt. Biomüll ist Biomüll und hat nichts beim Restmüll verloren. Wer nicht hören will, muss fühlen – ihm werden seine falsch sortierten, miefigen Kartoffelreste sowie Kaffeefilter vor die Tür gekippt. Und wer die Nachtruhe nicht einhält, für den bestellt der Oberlehrer das SEK! Gegen Oberlehrer als Nachbarn hilft nichts, außer einer guten Rechtsschutzversicherung und Geduld. Denn auch sie erledigen sich wie alles menschliche Leben biologisch.

Aber es gibt ja auch noch normale – häufig jüngere – Lehrer als Mitbewohner. Tolle, meist theoretisch besonders praktische Nachbarn. Nützliche Zeitgenossen, gerade wenn man Hilfe außerhalb der Welten von Küchenrolle, Bohrmaschine oder Rasenmäher braucht. Sie machen durch kostenlose Nachhilfestunden aus bildungsfernen, rohen und lauten Nachbarskindern wohlerzogene, feinfühlige kleine Genies. Sollten diese Bildungsbemühungen allerdings doch einmal scheitern (**„Ich begreife nicht, warum Roman sich nicht mehr für Chemie interessiert. Obwohl er doch schon so tolle kleine Briefbomben baut … "**), grämen sie sich nicht lautstark, sondern greifen still leidend zum Barolo des Vergessens. Was die freut, die dann mitleiden und -trinken dürfen, weil sie die intelligenzfreien ignoranten Krawallbälger der Nachbarn ebenfalls zum Teufel wünschen.

Nachbar zum Oberlehrer

Deutsch

„Bleibt Ihnen denn überhaupt noch genug Freizeit?"	Bitte, bitte geh doch die nächsten 50 Jahre in Urlaub, du Bildungsamöbe!
„Sie sind ja sogar künstlerisch begabt!"	Malen nach Zahlen kennt keine Altersgrenze!
„Lehrer zu sein war sicher nicht immer leicht!"	Deine freizeitorientierte Schonhaltung hat dich bis heute fit gehalten!

Nachbar zum Oberlehrer

Deutsch

„Toll, dass Ihre Ex-Schüler Sie noch besuchen kommen!"	Selbst wenn sie dir nur die Autoreifen zerstechen ...
„Vielen Dank, dass Sie die Hausordnung überarbeitet haben!"	Das Strafgesetzbuch ist ein Fliegenschiss dagegen!

Eine andere große Beamtengruppe, die unbedingt erwähnt werden sollte, sind die ...

Polizisten

Nachbar-Schnellcheck: Polizisten	👍 👎
Handwerklicher Gebrauchsnutzen	●●●●●
Intellektueller Gebrauchsnutzen	●●●○○
Spaßfaktor	●●●○○
Stress- und Störfaktor	●●●●●
Ökofaktor	●●●●○
Nachbarschaftlicher Gesamtnutzen	●●●○○

Auch bei ihnen entscheidet häufig der Reifegrad über Sieg oder Niederlage in der Nachbarschaft. Nur ist es hier umgekehrt: je älter, desto entspannter. Junge Mitglieder der Trachtentruppe können ziemlich nervige Nachbarn sein. Frisch von der Polizeischule üben sie noch den Spagat zwischen Deeskalation und Attacke. Und können dabei extrem laut werden,

16

damit die Nachbarn leise sind: **„Zum allerletzten Mal, Sie haben nicht nur Rechte, damit das klar ist! Haben Sie das verstanden?!"**
Die Dienstwaffe liegt zwar entladen im sicheren Schließfach auf der Wache. Was aber nicht heißt, dass sie ihre Nahkampfausbildung ebenfalls dort deponiert haben. Wer als Nachbar aushäusig fröhlich gezecht hat und dann morgens um zwei vor dem Haus seine Ehepförtnerin wachbrüllt (weil dieser scheiß Haustürschlüssel einfach nicht ins Schloss passen will), der findet sich ein paar Brüller später in embryonaler Zwangshaltung – sauber verschnürt mit reißfesten Kabelbindern – auf dem Boden wieder. Bevor ihn der nachtaktive Jungbulle im dienstlichen Kleinkaliber PMA (Polizeimeisteranwärter) über seine paar Restrechte als Randalierer belehrt.
Nachbarschaftshilfe durch präventive polizeiliche Gefahrenabwehr ist auch nicht immer das Wahre.

Achtung: Es hält sich das böse Gerücht, dass Mitglieder polizeilicher Spezialeinheiten, insbesondere vom SEK (Spezialeinsatzkommando), in der Freizeit ihre berufsbedingt rustikalen Umgangsformen an fremden Haustüren nicht immer sofort ablegen können. Lassen Sie also Ihre Wohnungstür einen Spalt offen, wenn Sie ein Nachbar mit entsprechend beruflichem Hintergrund besuchen will. Die Herrschaften sollen es gewohnt sein, Eingangstüren der Einfachheit halber einzutreten. Und erst beim Verlassen des Besuchsobjekts kurz zu klingeln. Ist aber nur so ein Gerücht ... nichts Genaues weiß man nicht ...

Völlig anders verläuft so was beim deutlich älteren POM (Polizeiobermeister) oder PK (Polizeikommissar). Der öffnet seinem orientierungslosen Nachbarn selbst die Haustüre und schleppt ihn dann gleich noch ins Bett. Beim Rausgehen droht er höchstens der zeternden Ehefrau dienstliche Sanktionen an. Gerade für ihn gilt fast immer: Dienst ist Dienst und Schnaps ist Schnaps. Das trennt er. Und trinkt in seiner Freizeit gerne bei Nachbarn auch mal einen mit. Es handelt sich also um nette, umgängliche Beamtennachbarn, häufig mit handwerklicher Begabung und bis ins hohe Alter fast immer mit sportlichen Hobbys.

Nachbar zum Polizisten	Deutsch
„Sie werden doch sicher bald befördert, oder?"	Und musst dann den nächsten Castortransport überwachen?!
„Haben Sie Ihre Dienstwaffe eigentlich immer dabei?"	Ich war hinterm Bahnhof einkaufen und wüsste gerne, wie schnell du wirklich bist!
„Mit Ihnen als Nachbar fühlt man sich so sicher!"	Sicher ist, dass jedes Knöllchen jetzt direkt bei mir landet!
„Sind Polizisten wirklich immer im Dienst?"	Auch wenn sie die neu eingezogene Studentin anbaggern?

Studierende

Jung, ledig, sucht. Günstige Bleibe mit entspannter, netter Nachbarschaft.

Nachbar-Schnellcheck: Studierende	👍	👎
Handwerklicher Gebrauchsnutzen	🟢🟢🔴🔴🔴	
Intellektueller Gebrauchsnutzen	🟢🟢🟢🟢🟢	
Spaßfaktor	🟢🟢🟢🟢🟢	
Stress- und Störfaktor	🟢🟢🟢🔴🔴	
Ökofaktor	🟢🟢🟢🟢🔴	
Nachbarschaftlicher Gesamtnutzen	🟢🟢🟢🟢🔴	

Am Einzug kann man sie erkennen: die künftige intellektuelle Elite des Landes. Auf ihrer Zwischenstation vor Ruhm, Anerkennung und Wohlstand. Oder vor der großen Zufriedenheit als lebenslang Intellektuelle mit Taxischein. Weit weg von ihrer harten Vorgängergeneration der 60er- und 70er-Jahre. Die zum Einzug noch Cannabispflanzen, linke Befreiungsideologien und freie Liebe mitbrachte.

Heute sind Studenten freundliche Weicheier mit Hochschulzugang und handfesten Karriereplänen: **„In spätestens drei Jahren werde ich sowieso Juniorpartner in Vatis Kanzlei."** Sie liefern weder Klassenkampf noch Haschischschwaden oder gar Krawall im Hausflur. Stattdessen haben sie Messing-Namensschilder an der Wohnungstür. Ihnen fehlt vieles, worüber sich Nachbarn

19

früher richtig aufgeregt haben. Aber eben doch nicht alles: Auch heute schnorren sie sich – nicht nur die Lehramtsstudenten! – gekonnt durch ihre Nachbarschaft. Warum zu Aldi rennen, wenn der Mitbewohner doch alles kostenlos hat?

Pfiffige Nachbarn haben für derlei Anfragen immer ein paar freundliche Worte: **„Unser Hund liebt neuerdings Pinienkerne. Alle weg. Und das kalt gepresste Olivenöl ist so gut für sein Fell, ist auch schon wieder leer. Sorry!"** Tür zu. Oder: **„Der ganze leckere Landwein … verdorben! Was für ein Drama! Wussten Sie, dass sogar Schraubverschlüsse korken können!?"** Studenten sind nicht blöd, die merken nach dem dritten erfolglosen Versuch, dass nix mehr geht und sie wieder selbst Kohle scheffeln müssen!

Auch mancher Studentenkühlschrank ist immer noch ein beliebter Vollkomposter, in dem sich aus abgelaufenen Lebens-

mitteln ständig neues Leben entwickelt … Über nichts stolpert man außerdem in der Waschküche lieber als über miefige Waschkörbe der studentischen Nachbarn. Oben drauf die Joggingsocken, von denen sogar abgehärtete Hausfliegen röchelnd Abstand nehmen. Zu ganz neuem Gebrauchsnutzen werden dann die modernen Waschmaschinen der Nachbarschaft erweckt, wenn die Studenten in Nacht-und-Nebel-Aktionen ihre Schmutzwäsche mit den hochwertigen Waschmitteln ihrer Nachbarn waschen. Funktioniert prima und spart zusätzlich teuren eigenen Strom!

20

"LEBEN" IM STUDENTENKÜHLSCHRANK

Die Milch ist ganz schön sauer.

Frag mich mal!

Auch eine Dauerwurst kennt ihre Grenzen!

Noch stressiger als pfiffige Studenten sind aber die, die ihre Nachbarn zu Ersatzeltern machen wollen: Sie fordern eine Rundumbetreuung. Problemkinder mit Lebens-, Distanz- und Diskretionsdefiziten. Mit einem Bein nur halb im Leben und deshalb mit der Hand Tag und Nacht an Nachbars Klingel-knopf. Das fängt meist ganz harmlos mit dem freundlichen Standardsatz **„Ich hab da ein Problem …"** an. Wem das als Nachbar täglich 50-mal passiert, der rafft schnell, warum der nette Student von nebenan nicht zu Hause raus wollte – aber unter Androhung von Gewalt zum Auszug gezwungen wurde.

Hinweis: Wer nicht gerne als unbezahlter Sozialtherapeut, Hotel-page oder Ersatzmama arbeiten will, der verweist einfach auf so nützliche Internetseiten wie www.frag-mutti.de, www.heimwerker-tipps.net, www.my-hammer.de und www.haltbarkeit.net.

Zu guter Letzt gibt es noch eine andere Sorte von studenti-schen Nachbarn: die normal Sozialisierten! Sie liefern die unan-gepasste intellektuelle Würze in der Hausgemeinschaft. Und einen guten Teil Entspanntheit sowie spezifisches Know-how zum Leben und Überleben im Heute und Morgen. Denn mit wem ließe sich der gesellschaftliche Wandel hin zur Nachhaltig-keit besser diskutieren als mit ihnen? Zumal sie auch im Bereich moderner Kommunikationsmittel hilfreiche Experten sind. Wer so ein Prachtexemplar in der Nachbarschaft hat, der wünscht sich keine kürzeren Regelstudienzeiten für den akademischen Nachwuchs …

Nachbar zum Studenten	Deutsch
„Wie lange dauert denn Ihre Regelstudienzeit?"	Gut zu wissen, wann wir dich wieder los sind!
„Aldi hat gerade Waschmittel im Angebot!"	Kauf 'ne Palette voll und mach endlich sauber!
„Und das ist echter Geweihfarn?"	Alleine heimlich kiffen macht einsam!
„Alle Waschmaschinen bekommen neue Verbrauchszähler!"	Make my day, Student!

Nachtaktive Singles

Ganz selten einsam und immer wahnsinnig aktiv. Vor allem, wenn es dunkel ist.

Nachbar-Schnellcheck: nachtaktive Singles	👍	👎
Handwerklicher Gebrauchsnutzen	🟢🔴🔴🔴🔴	
Intellektueller Gebrauchsnutzen	🟢🔴🔴🔴🔴	
Spaßfaktor	🟢🔴🔴🔴🔴	
Stress- und Störfaktor	🔴🔴🔴🔴🔴	
Ökofaktor	🟢🔴🔴🔴🔴	
Nachbarschaftlicher Gesamtnutzen	🟢🔴🔴🔴🔴	

Sie sind eine für die Nachbarschaft unberechenbare Laune der Natur. Mutationen der harmlosen Singlevariante. Bei ihnen steht ab 23 Uhr permanent ein Pferd auf dem Flur beziehungsweise im Wohnzimmer. Hundert Dezibel im Wohnzimmer sind für sie kein unzulässiger Grenzwert für ruhestörenden Lärm, sondern bestenfalls die Startmarke für gute nächtliche Unterhaltung. Allein, zu zweit oder mit 140 Gästen. Wem es als Nachbar gefällt, dem liefern sie allabendlich Discofeeling, Hardrock-Sessions oder Tabledance – ohne lange Anreisewege.

Oder als weiteres Highlight ihr munter vorgetragenes Paarungsverhalten. Denn sie vögeln nachts am liebsten bei offenem Fenster in Küche, Bad und Wohnzimmer. Abwechslung muss schließlich sein, und für eine schnelle Nummer ist immer Zeit. Dabei beweisen sie, dass selbst Brunftgeräusche von vitalen 18-Endern nur emotionsloses Gewinsel gegen das ist, was sie bis zum Finale röhrend und jaulend abliefern.

Wer all das nicht mag, den bringen sie schier zur Verzweiflung. Oder zu Lösungsansätzen, deren Umsetzung der deutsche

Rechtsstaat mit langjährigen Haftstrafen ahndet. Gegen solche Nachbarn sind nur drei Kräuter gewachsen: Kapitulation durch Auszug, eigene, noch härtere Veranstaltungen oder der starke Arm des Gesetzes. Aber keine Sorge, meist ziehen sie schnell weiter oder sterben jung – durch Herzversagen oder mysteriöse Haushaltsunfälle.

Tipp: **Fanden Sie Rugby nicht schon immer klasse? Die einzige Sportart, die auch amerikanische Eliteeinheiten wirklich lieben! Laden Sie sich doch mal ein paar Bundesligaspieler zur Grillparty ein. Vier bis fünf Spieler reichen hier völlig aus ... Denen erzählen Sie dann nach dem dritten Fass Pils, der nachtaktive Single von nebenan hielte jeden Männersport für Sackhüpfen. Der Rest ergibt sich von ganz allein. Sie müssen ja nicht unbedingt dabei zusehen. Funktioniert übrigens auch mit Oberlehrern, die nicht infarktgefährdet sind, versprochen!**

Als ausgleichende Gerechtigkeit schuf Gott die harmlosen nachtaktiven Singles. Das sind erfolgreich Tagschaffende, die alles aus den 24 möglichen Stunden herausholen. Die tun nix, die wollen nur leben. Man lernt sie meistens erst kennen, wenn sie schon wieder ausziehen. Denn häusliche Diskretion gehört bei ihnen ebenso dazu wie aushäusiges Dolce Vita bis zum Morgengrauen.

Hinweis: **Laut einer repräsentativen Umfrage wohnen Singles am liebsten neben anderen Singles. Verständlich, denn man stört sich gegenseitig nicht. Falls doch, dann vielleicht so intensiv, dass daraus eine kleine Familie wird ... Und man selbst auf der allgemeinen Beliebtheitsskala auf den sicheren ersten Platz unter allen Nachbarn aufrückt – den belegen nämlich die jungen Familien.***
* www.immowelt.de, Januar 2012 (Immowelt AG, Nürnberg)

Hallo, wir sind die neuen Nachbarn!

Zum nützlichen Nachbarn machen sie sich so nicht, zu Vermieters Liebling schon: kein Ärger, kein Dreck, Tag und Nacht überwiegend weg. Also lebt man locker und störungsfrei nebeneinander her.

Nachbar zum Single	Deutsch
„Sie haben aber viele nette Freunde!"	Schön, alle Penner dieser Stadt kennenzulernen!
„Wie hoch ist denn der Stromverbrauch Ihrer Hi-Fi-Anlage?"	Rock am Ring verbraucht deutlich weniger!
„Sie haben aber eine Lebensfreude!"	Ich tanz auf deiner Asche!
„Schlafen Sie sehr schlecht bei geschlossenem Fenster?"	Nimm mal Baldrian statt Viagra!
„Sie sind ja ein echter Partykönig!"	Verhasste Monarchen sterben selten eines natürlichen Todes!

Leise Musiker

Musizieren daheim und unterwegs: gut isolierte Wohnräume gesucht, tolerante Nachbarschaft erwünscht.

Nachbar-Schnellcheck: leise Musiker	👍 👎
Handwerklicher Gebrauchsnutzen	🟢🟢🔴🔴🔴
Intellektueller Gebrauchsnutzen	🟢🟢🔴🔴🔴
Spaßfaktor	🟢🟢🟢🔴🔴
Stress- und Störfaktor	🟢🔴🔴🔴🔴
Ökofaktor	🟢🟢🟢🔴🔴
Nachbarschaftlicher Gesamtnutzen	🟢🟢🟢🔴🔴

Ein Hoch auf die Castingshows, die Deutschlands Musikszene verändert haben – und damit auch die Nachbarschaft. Denn jeder Franz mit umgedrehtem 30-Liter-Kochpott plus zwei abgesägten Spazierstöcken und jede Frieda mit Radaustimme machen mittlerweile Musik. Gleich nebenan. Und finden sich dabei supergeil: **„Mensch, ich glaub, ich stehe ganz kurz vorm großen Durchbruch mit meiner Heavy-Metal-Version von ‚Hänschen klein'!!!"** Unentdeckte Musiktalente auf dem schnellen Weg nach oben.

Früher kamen bei solchen Wahrnehmungsstörungen ein paar kräftige Kerle in einem weißen Wagen und schafften den Problemfall – erst mal zur Beobachtung – in die geschlossene Anstalt. Heute kriegen die Nachbarn den Wahnsinn ab. Zunächst für ein paar Monate bis zum Vorcasting. Und wenn das dann voll in die talentfreie Hose beziehungsweise den Rüschenrock ging, ein Leben lang. Nach dem Casting ist nämlich vor dem Casting: **„Platz 23.472 ist gar nicht**

so schlecht, beim nächsten Mal komm ich unter die ersten 15.000. Ganz sicher!"

Pro Jahr gibt es allein auf Bundesebene inzwischen gefühlte 60.473 Musikwettbewerbe im Fernsehen – Internet und Radio nicht mitgerechnet. Da muss einer nur lange laut und schrill genug dabei sein, um irgendwann automatisch in die Endrunde zu kommen.

Wer als Nachbar kein Geld damit verdienen will, diese irren Nebelhörner vor laufenden Kameras verbal zu bestatten, hat wenig Lösungsmöglichkeiten. Ein Schicksal, das inzwischen extrem viele Nachbarn dieser unerwarteten und schnell heranwachsenden Musikergeneration teilen. Praktisch jeder kann zum „Dezibelopfer" werden, wenn der bis dahin unauffällige Nachbar plötzlich vor dem Spiegel, unter der Dusche oder auf dem Klo sein Musiktalent entdeckt. Und dann völlig hemmungslos in den eigenen vier Wänden loslegt.

Achtung: Wer bei solchen Nachbarn weder Schallschutzmauern bauen noch schwerhörig werden will, der setzt auf konventionellen Gehörschutz. Die Bauarbeiter am Presslufthammer, Flugzeugeinweiser und Großwildjäger schwören darauf – wie etwa auf Produkte von Peltor, Hellberg oder Moldex. Die preiswerteren Lösungen kommen von Ohropax, Bilsom, Alpine und Co. Auch Mack's Dreamgirl ist ein bewährtes Mittel – speziell für Frauen!

Wirklich leise Musiker finden sich fast nur noch in entlegenen gallischen Dörfern. In denen der örtliche Fischhändler die Talente fördert. Oder man verschafft sie sich dadurch, dass man laute Musiker einfach in ein Industriegebiet umsiedelt. Ausnahmen bestätigen natürlich diese Regel.

Leider, leider haben sich die Zeiten geändert ... damals, als noch keine Castingshows stattfanden, gab es immer ein paar – gern gesehene und gehörte – erstklassige, leise Musiker in der Nachbarschaft.

Nachbar zum Musiker	Deutsch
„Das Haus braucht unbedingt eine zeitgemäße Wärmeisolierung!"	Als Schallschutz gegen deinen exorbitanten Lärm!
„Stimmt es wirklich, dass Sie jetzt hauptberuflich Musik machen wollen?"	Wir suchen uns was Neues an einer ruhigen ICE-Trasse!
„War Ihr erstes Casting erfolgreich?"	Bitte, bitte werd doch endlich reich und zieh ganz schnell aus!
„Sie haben aber eine prägnante, kräftige Stimme ..."	... und werden sicher Karriere als Heulboje machen!

Nachbar zum Musiker

Deutsch

„Ihr Kind ist ja ein echtes Stimmwunder!"

Nur ein Presslufthammer klingt besser!

„Musizieren Sie neuerdings?"

Oder killst du Pottwale in der Badewanne?

Paare
und Kleinfamilien

Alleinerziehende Mütter

Leben in täglicher Not und unter Dauerstress. Positives Ende nicht absehbar.

Nachbar-Schnellcheck: Alleinerziehende	👍	👎
Handwerklicher Gebrauchsnutzen	●●●●●	
Intellektueller Gebrauchsnutzen	●●●●●	
Spaßfaktor	●●●●●	
Stress- und Störfaktor	●●●●●	
Ökofaktor	●●●●●	
Nachbarschaftlicher Gesamtnutzen	●●●●●	

„Jetzt reicht's aber, Mama hat doch schon genug Probleme! Auch ohne euch!" Wenn diese Ansage im Hausflur oder Garten in Megafonlautstärke ertönt, dann weiß wirklich jeder: Nebenan führt jemand ein kleines Familienunternehmen. Bei dem der Geschäftsführer abgehauen ist oder gefeuert wurde. Das erzählen sie auch jedem – denn es ist aus ihrer Sicht das Alleinstellungsmerkmal schlechthin. Der Erzeuger ist weg und die Probleme potenzieren sich.

Geht doch. Solange die Hausratversicherung nicht wegen der 35 halbjährlichen Schadensfälle – inklusive Kinderzimmerbrand nach Experimenten mit dem neuen Chemiebaukasten – vorzeitig aussteigt. Und nicht alle Ratenkredite gleich auf einmal gekündigt werden.

32

Für alleinerziehende Mütter ist täglich Weltuntergang. Nur eben etwas schlimmer. Das macht sie stark und hart. Oder dickfällig und lethargisch. Wer sich als Kinderhalter von seinem Partner trennt oder getrennt wurde, dem macht gelegentlicher Zoff mit den Nachbarn herzlich wenig aus.

Alleinerziehende Mütter kämpfen für ihre Rechte! Und das permanent. Deshalb ist es auch müßig, sie als Nachbarn belehren zu wollen oder ihnen etwas vorzuschreiben. Also, lassen Sie die Bobbycars und Sandspielzeuge – selbst wenn Sie ständig darüber stolpern – doch einfach liegen. Wegräumen hilft maximal eine halbe Stunde. Und für jedes nachbarschaftliche Gemotze gibt es eine deftige Gegenansage, die Mütter haben eben wenig Zeit oder null Bock auf lange Diskussionen! Weil sie an vielen Fronten ums Überleben kämpfen. Denn sie haben mindestens zwei minderjährige Problemkinder und sonst nix als Stress und Ärger!

Was die Nachbarschaft in zwei Gruppen teilt: Unterstützer und Gegner. Unterstützer – nützliche Nachbarn – lassen sich einspannen und sind tolerant bis zum Gehtnichtmehr: **„Ist doch toll, dass Ihr Jüngster mit dem Schraubenzieher wieder so ein schönes großes Bild auf unsere frisch lackierte Autotür gemalt hat. Sein künstlerisches Talent sollten Sie fördern!"**
Die Gegner – überflüssige Nachbarn – sind da etwas schlichter in ihren nachbarschaftlichen Kommentaren: **„Wenn Ihre unbe-**

aufsichtigte kleine Pinkelkröte noch einmal unser Cabriodach aufschlitzt, dann schicken wir Ihnen mit der Rechnung gleich das Jugendamt auf den Hals!" Ja, so unterschiedlich kann Nachbarschaft sein.

Tipp: Lloyd's in London versichert fast alles – egal, ob es sich dabei um Madonnas Busen, Fußballerbeine oder Industrieanlagen handelt. Sollte Ihnen also das Risikopotenzial der unbeaufsichtigten Nachbarkids extrem hoch erscheinen, versichern Sie sich doch dort gegen mögliche Elementarschäden. Vielleicht übernimmt einer der mit seinem Privatvermögen haftenden „Names" oder eines der „Syndikate" so ein Risiko. Einfach mal anfragen: bei www.lloyds.com oder telefonisch in der deutschen Niederlassung in Frankfurt. Möglicherweise gibt es auch einen generellen Risikoausschluss.

Alleinerziehende Mütter mit Plan genießen dagegen ihr entspanntes Alleinsein samt Kids. Sie müssen ja keinen männlichen Rohrkrepierer mehr beaufsichtigen, erziehen und durchfüttern. Für sie läuft alles prächtig! Inklusive Zeit für nette Nachbarschaftskontakte bei gemeinsamen Hobbys wie dem Aufbau und der Pflege eines nützlichen Kräutergartens. Oder gemeinsamen Rad- oder Geocachingtouren mit Kind und Kegel. So oder so, in der Nähe von alleinerziehenden Müttern ist jedenfalls immer was los …

Nachbar zur Mutter	Deutsch
„Wann sind denn eigentlich wieder Schulferien?"	Wir wollen vorher ein paar Termine bei Glasern und Autolackierern blocken.
„Ihr Großer wird dieses Jahr eingeschult?"	Das Leben kann so schön sein!
„Meinen Sie nicht, das Jugendamt könnte Sie etwas entlasten?"	Wir sind jetzt raus, such dir andere nützliche Idioten!

Kontrollsenioren mit Ewigkeitsrechten

Lebenslanges Wohnen an Ort und Stelle. Gekauft oder mietrechtlich gut gesichert. Auf jeden Fall immer voll verteidigt.

Nachbar-Schnellcheck: Kontrollsenioren	👍 👎
Handwerklicher Gebrauchsnutzen	●●●●●
Intellektueller Gebrauchsnutzen	●●●●●
Spaßfaktor	●●●●●
Stress- und Störfaktor	●●●●●
Ökofaktor	●●●●●
Nachbarschaftlicher Gesamtnutzen	●●●●●

35

„Wir wohnen schon seit der Währungsreform hier!" Ist das nun eine Kampfansage oder eher ein baldiges Sterbeversprechen? Natürlich eine Kampfansage! Aber gemach, gemach ... zunächst kommen sie ganz harmlos und freundlich auf dich zu – mit ein paar Fragen. Mit denen finden sie auf die Schnelle heraus, wie sie dich packen können: **„Haben Sie früher auch schon mit älteren Menschen zusammengewohnt?"** Und: **„Sie sind doch sicher handwerklich geschickt?"** Danach: **„Ist Ihre Frau auch berufstätig?"** Wer bis dahin dreimal Ja gesagt hat, ist ihre Beute: neue, nützliche Leibeigene mit festem Einkommen. Drei Verneinungen bedeuten hingegen: Blitzkrieg gegen die nichtsnutzigen Mittellosen von nebenan!

Nachbarn, die bei ihnen alles richtig machen wollen – sind ja schließlich alte Leute –, machen viel falsch. (Josef Stalin und Idi Amin Dada wurden beide 75 Jahre alt, Pol Pot immerhin geschätzte 70. Am Ende auch ziemlich alte Leute ...) Also Vorsicht! Nur weil sie ihre vier Lieblingsrollatoren im Hauseingang parken, bedeutet das noch lange nicht, dass Nachbarn genauso ihre Kinderwagen – nur mal kurz – im Flur stehen lassen dürfen. Das ist aus brandschutzrechtlichen Gründen nämlich verboten und die Hausordnung untersagt das ja sowieso!

Und während sie die drei Quadratmeter Zierrasen vor dem Haus mit der Nagelschere malträtieren, sind die übrigen Nachbarn für die fünf Hektar Gemeinschaftsanlage – inklusive Fichtenwald und Hundespielwiese – zuständig. O-Ton: **„Das haben wir im Jahr 1954 so festgelegt! Daran hat sich seitdem nichts geändert."** Obwohl ihr inkontinenter Dackel permanent alle Fußmatten der Nachbarn vollpullert, regen sie sich über jedes Zwergkaninchen auf, das bei Nachbarn still, harmlos und schmutzfrei mit einzieht. **„Außer unserem eigenen Hund sind hier in der Gegend seit 1973 keine Haustiere mehr erlaubt. Das weiß auch das Ordnungsamt!"** Noch Fragen?

Hinweis: Die Lieblingsrechte dieser Seniorenspezies sind übrigens ihre Gewohnheitsrechte. Die stehen für alles Verbotene – oder nicht explizit Erlaubte –, was sie seit ihrem Einzug ungestraft ausprobiert und an dem sie Gefallen gefunden haben: vom unerlaubten Schnüffeln in Nachbars Keller bis zum Falschfahren in der Einbahnstraße vorm Haus!

Für sie ist alles erlaubt. Blöd nur, dass unser Rechtsstaat, in dem fast alles geregelt ist, solche „Gewohnheitsrechte" weder kennt noch als „Senioren-Sonderrechte" akzeptiert. Also, wehren Sie sich gegen solchen Bullshit! Bitte berufen Sie sich aber nicht auf Ihr eigenes Faustrecht, denn auch das gibt es bei uns nicht. Und denken Sie immer daran, dass sich Senioren im Ernstfall auf ihre Gebrechlichkeit berufen …

Wenn nicht, wird es Zeit, den Rest zu klären. Wer wann kommt und geht beziehungsweise was wie zu tun ist, ist ab jetzt keine

Frage der Selbstbestimmung mehr, sondern klar geregelt und wird überwacht: Ab 20 Uhr muss die Haustür definitiv zugeschlossen sein. Spätere Besuche werden nicht besonders gerne gesehen **(„Wir brauchen unsere geregelte Nachtruhe!")**. Ab vier Uhr wird schließlich gefrühstückt und die erste Marschmusik gehört. Fremde dulden die Kontrollsenioren als Besucher sowieso nicht: **„Man fühlt sich direkt so unsicher bei all den unbekannten Gesichtern in der Gegend!"**

Für den Winterdienst sind natürlich immer die Nachbarn zuständig – inklusive selbst zu zahlendem Streusalz. Dafür gibt es ein paar kostenlose Hinweise wie **„Früher war hier schon morgens um sieben Uhr alles perfekt geräumt"** und **„Sie haben hoffentlich eine gute Haftpflichtversicherung, denn wenn ich stürze und mir das Hüftgelenk noch mal breche, sind Sie dafür verantwortlich!"**. Ein schönes Lernbeispiel vor allem für die letzten Toleranztrottel und Seniorenversteher der Nachbarschaft.

All die netten alten Menschen werden hier nun nicht beschrieben, weil jeder von uns welche kennt und sie sehr schätzt. Meist

als gütige und großzügige eigene Omas und Opas oder besonders hilfsbereite Nachbarn. Liebenswerte alte Leute, von denen man selbst gebackenen Kuchen oder hilfreiche Tipps zu Themen bekommt, die vielfach in Vergessenheit geraten sind. Und die es nicht immer leicht haben in einer Welt, in der persönliche Kontakte virtualisiert wurden ...

Nachbar zum Senioren

Deutsch

„Und das Haus haben Sie über all die Jahrzehnte so gut in Schuss halten können?"	Na ja, die Einschüsse in den Hauswänden sieht man immer noch und aus dem Bombentrichter ist ja jetzt ein Sandkasten geworden.
„Sie sind ja wirklich noch sehr rüstig und sportlich für Ihr Alter! Waren Sie nicht letztens erst joggen?!"	Zum Laubfegen und Schnee-schippen zu faul, aber auf Knieschonern durch den Garten robben und Nachbarn bespitzeln.
„Kommt Ihre Familie auch manchmal, um Sie und Ihren Mann zu besuchen?"	Dann packen wir einfach eure Sachen zusammen und die brauchen euch nur noch mitzunehmen!
„Haben Sie noch Kontakt zu unseren Vormietern?"	Wann fand denn der letzte Selbstmord in unserer Wohnung statt?
„Wir legen natürlich sehr viel Wert auf eine harmonische und freundschaftliche Nachbarschaft."	Und deshalb haben wir euch auch gerade im Altersheim angemeldet.

Neureiche Doppelverdiener

Im Leben hat alles seinen Preis. Und Fleiß sichert den Wohlstand. Hoffentlich auch den dazu passenden Nachbarn.

Nachbar-Schnellcheck: Neureiche	👍	👎
Handwerklicher Gebrauchsnutzen	🟢🟢🟢🔴🔴	
Intellektueller Gebrauchsnutzen	🟢🟢🟢🔴🔴	
Spaßfaktor	🟢🟢🟢🔴🔴	
Stress- und Störfaktor	🟢🟢🔴🔴🔴	
Ökofaktor	🟢🔴🔴🔴🔴	
Nachbarschaftlicher Gesamtnutzen	🟢🟢🔴🔴🔴	

Neu zugezogene Schickimickis im Wohnrevier sind richtig Klasse. Genauso wie ihre Autos – ganz zu schweigen vom Haus und von der Einrichtung! Alles so geschmackvoll und sicherlich nicht ganz billig!!!! Alles klar? Nein? Dann sollte man den neureichen fleischgewordenen Preis-für-alles-Kennern einfach mal einen spontan Nachbarschaftsbesuch abstatten ... Es waren ja schließlich nicht alle Nachbarn zur Housewarming-Party eingeladen. Im Grunde nur die Immobilienmaklerin, zwei Autohändler sowie der Börsenfuzzi aus der Nachbarschaft ...

Kurz klingeln und rein in die „Protzothek" von zwei gleich gesinnten Geldvernichtungsmaschinen im Statuswahn. Wie im Fernsehen. Dafür aber live und in echt – bis auf vielleicht den optisch sehr teuer wirkenden Edeltrödel. Echt sind vor allem

Feine Doppelverdiener! Die geht doch anschaffen, so wie die rumläuft!

KUMPE

„Ken" und „Barbie", die bei neureichen Doppelverdienern meistens Melanie, Bianca oder Caroline heißen und nur noch halbe Tage arbeiten: **„Geht sowieso schon viel zu viel ans Finanzamt. Das kennen Sie doch bestimmt auch, oder?!"** Als Nachbar ist man entweder schwer beeindruckt von so viel Buckingham auf so wenig eingezäunter Fertighausfläche oder man findet die Leute voll bekloppt. Meistens liegt die Wahrheit irgendwo in der Mitte: beeindruckend Bekloppte, diese tollen neureichen Doppelverdiener.

Wobei häufig unklar bleibt, was sie – die Ehefrau – beruflich genau macht. Dazu fährt man am besten ein bisschen über die umliegenden Dörfer und mustert in Ruhe die Halbtagskräfte beim Bäcker, in der Drogerie oder im Discounter – könnte was Passendes dabei sein. Selbst neureiche Doppelverdiener müssen hart ackern, um die hohe Messlatte (inklusive Golfklub) dauerhaft zu halten. Und kennen sogar echte Pechsträhnen, wenn zum Beispiel die Börse nicht so mitspielt, wie sie sollte. Dann muss zumindest der Außenputz auf der Fassade halten. „Stößchen!"

Zum Nachbarschaftsthema werden sie erst bei finanziellen Krisen! Die sorgen dann aber gleich für echten Diskussionsstoff in der ganzen Gegend. Denn bei den neureichen Doppelverdienern fährt der Gerichtsvollzieher beim großen finanziellen Stresstest gut sichtbar und sehr langsam die Auffahrt rauf. Und

42

kommt dann und wann kopfschüttelnd aus dem Haus – alles nicht echt, nix zu holen.

Nebenan wird es nach solchen Aktionen erstaunlich ruhig. Alle anderen Nachbarn ziehen sich gekonnt zurück oder versuchen, über ambulante Inkassomaßnahmen beispielsweise das vorgestreckte Hundefutter (**„Kannst du das mal eben auslegen? Fififuzz nimmt nicht mal unsere Diamond Card – so ein provinzieller Laden!")** bezahlt zu bekommen. Der Vorhang fällt, Schluss mit der Wichtigtuerei, Rollladen runter. Es kommt ohnehin bald der Möbelwagen für den Umzug in eine – ungenannte – bessere Gegend …

Nachbar zum Neureichen

Deutsch

Nachbar zum Neureichen	Deutsch
„Ihren Maserati gibt es auf der ganzen Welt nur noch dreimal?"	Zwei gekaufte, die woanders stehen, und den hier im Voll-Leasing!
„Dann geben Sie mir doch bitte einen Scheck für die verauslagte Nachnahmesendung."	Ansonsten kann dein Mann die gerne in unserem Garten abarbeiten – hier gibt es immer was zu tun.
„Wir haben gehört, dass Sie sich ganz vorbildlich sozial engagieren."	Doppelmitgliedschaften findet man ja eher selten – vor allem bei der Welthummerhilfe und den Anonymen Alkoholikern!"

43

Hallo, wir sind die neuen Nachbarn!

Nachbar zum Neureichen	Deutsch
„Ihre Terrassenfliesen sind aus der Toskana?"	Toskana? Ist das nicht ein Ortsteil von Hillesheim?!
„Der Briefträger hat eine Zustellungsurkunde für Sie bei uns abgegeben!"	Harry, hol schon mal den Wagen!

Familien-
bande

Großfamilien mit offenen Türen

Hier hilft jeder jedem! Ein Mikrokosmos des Miteinanders: auf mittelgroßen Flächen – inklusive Van und manchmal auch mit Häuschen.

Nachbar-Schnellcheck: Großfamilien	👍	👎
Handwerklicher Gebrauchsnutzen	🟢🟢🟢🟢	🔴
Intellektueller Gebrauchsnutzen	🟢🟢🟢🟢	🔴
Spaßfaktor	🟢🟢🟢🟢🟢	
Stress- und Störfaktor	🟢🟢🟢	🔴🔴
Ökofaktor	🟢🟢🟢🟢🟢	
Nachbarschaftlicher Gesamtnutzen	🟢🟢🟢🟢	🔴

Ob bei Patchworkfamilien oder Familien aus einem biologischen Stall: Hier geht es zu wie in einem Bienenstock. Organisch wachsende Großfamilien werden in Deutschland aber

immer seltener. Mag sich Arbeit auch wieder lohnen, „Vielkinderei" tut es offenbar nicht. Deshalb findet man kaum noch Großfamilien in seiner Nähe – mit einer Ausnahme: Die Zusammenlegung zweier Kleinfamilien macht nicht nur rechnerisch eine mittelgroße neue, sondern spart gleichzeitig doppelte Mieten und erleichtert das Zusammenleben mit dem jeweils fremd beschafften Kinderanhang. Ein häufig praktizierter Lösungsansatz, Patchworkfamilien sind ein ungebrochener Trend.

Anfänglich organisiert sich so eine neue Familienbande etwas holperig. Mit der Zeit gewöhnt man sich aber aneinander – wie in der Nachbarschaft auch. Hier entstehen die häufigsten Missverständnisse in der Zuordnung aller Familienmitglieder: **„Ach, das ist auch ein Kind von Ihnen? Ich dachte, das wäre der Freund einer Ihrer Töchter!"**

Zählen Sie als Nachbar also nicht nur mit, sondern passen Sie auf, wer wie häufig kommt. Saubere Recherchen vermeiden unnötigen Ärger und bewahren vor strafrechtlicher Verfolgung wegen falscher Verdächtigungen.

Hinweis: **Das gilt übrigens auch für Unterstützungsleistungen der Großfamilienkids. Füttern Sie also nur die durch, die definitiv dazugehören … es werden sonst immer mehr.**

Jedes Kind einer Großfamilie ist nämlich mit Kindern anderer Großfamilien gut befreundet: **„Die meisten Süßigkeiten hier in der Gegend gibt es bei den reichen Schmidts nebenan. Die haben ja auch nur ein Kind – kommt mal alle mit!"**

Die Erziehungsberechtigten der Großfamilien sind selten daheim – irgendwoher muss die Kohle ja kommen. Deshalb finden Nachbarn den Haushaltsvorstand und Ansprechpartner in Schlichtungs-, Schadensersatz- und sonstigen Fragen fast immer in der 17-jährigen Tochter: **„Meine Eltern sind nicht überfordert, die sind nur viel unterwegs. Aber wir haben alles geregelt**

und die wichtigen Aufgaben unter uns klar aufgeteilt!" Eine verantwortungsbewusste junge Familienmanagerin mit pragmatischen Vorstellungen und hohem Durchsetzungsvermögen. Der Kleinen macht so schnell kein Nachbar was vor! Solange sie nicht selbst schwanger wird und dann wenig Zeit für nachbarschaftliche Probleme und Beschwerden hat.

Tipp: **Machen Sie sich einfach ein Organigramm von der Großfamilie. Da tragen Sie neben Namen, Handynummern und Alter auch die vermuteten familiären Verbindungen und Zuständigkeiten ein. So behalten Sie immer den Überblick und sind über Abgänge (Erreichung des 18. Lebensjahrs) oder Neuzugänge (eingeheiratete Schwiegerkinder) stets auf dem Laufenden. Nicht vergessen: halbjährlich zu aktualisieren!**

Von ein paar Dingen sollten sich die Nachbarn einer Großfamilie jedoch verabschieden: der Mittagsruhe – ohnehin ein Anachronismus und noch dazu ziemlich spießig – und dem für die eigenen Kinder angeschafften Großspielzeug wie Schaukeln, Bobbycars, Rutschen, Sandkästen etc. Das geht nämlich häufig ins Gemeinschaftseigentum der Großfamilie über. Garagenhöfe und Nachbareinfahrten werden zu autofreien Spiel- und Spaßzonen!

Frei nach Kennedy heißt es also für die Nachbarn von Großfamilien: **„Frag nicht, was sie für dich tun, sondern wo du sie unterstützen kannst!"** Dann wird alles gut.

48

Neben den paar lächerlichen, möglichen Problemen mit Großfamilien überwiegen aber klar die Vorteile. Sie sind ein gesell-
schaftlicher Aktivposten, den Nachbarn hegen und pflegen
sollten! Angefangen mit dem Wichtigsten: Großfamilien sichern
unsere Rente. Sie sind (neben integrativen Migranten) eine der
letzten Bastionen und großen Hoffnungen beim Erhalt des ge-
sellschaftlichen Generationenvertrags!

Was auch praktisch in der unmittelbaren Nachbarschaft spür-
bar ist: Nachdem es bei Großfamilien die Masse macht, ist gerade für ältere Nachbarn immer eine helfende Hand da. Oder
als Ansprechpartner erreichbar, wenn irgendwo was schiefläuft
und Hilfe gebraucht wird. Und wie Hilfe geht, weiß jedes Mitglied einer Großfamilie – das ist quasi im genetischen Code
angelegt, denn davon lebt ihr eigenes System. Außerdem sind
sie der sichtbare Beweis dafür, dass Lebensfreude und Zufriedenheit keine Frage des Geldes ist!

Nachbar zur Großfamilie   Deutsch

Nachbar zur Großfamilie	Deutsch
„Und Sie wollen alle hier gemeinsam in das Haus einziehen?"	Packt die Hütte das denn überhaupt?
„Der nächste öffentliche Spielplatz ist aber ziemlich weit weg."	Also, mein Garagenhof ist ab nächster Woche auf alle Fälle vermint!

49

Nachbar zur Großfamilie	*Deutsch*
„Sind Sie beide den ganzen Tag berufstätig?"	Klasse, dass wenigstens ihr tagsüber außer Haus seid.
„Großfamilien sind doch was Wunderbares, endlich kommt Leben in die Straße."	Ihr schafft sicher auch den Oberlehrer nebenan ...

Haus- und Heimtierfreunde

Sozialpartnerschaft mit Bello, Miezi oder Klopfer. Der Streichelzoo oder Flohzirkus ist nebenan.

Nachbar-Schnellcheck: Tierfreunde	👍 👎
Handwerklicher Gebrauchsnutzen	🟢🟢🟢🟢🔴
Intellektueller Gebrauchsnutzen	🟢🟢🟢🟢🔴
Spaßfaktor	🟢🟢🟢🟢🟢
Stress- und Störfaktor	🟢🟢🟢🔴🔴
Ökofaktor	🟢🟢🟢🔴🔴
Nachbarschaftlicher Gesamtnutzen	🟢🟢🟢🟢🔴

Knapp sechs Millionen Hunde, über acht Millionen Katzen und weitere 15 Millionen – offiziell – nicht essbare Tiere in deutschen Haushalten. Irgendwas knurrt, scharrt, miaut, krabbelt, piepst oder pupst in jeder Nachbarschaft. Überall. Feinsinnige

Geister unterscheiden zwischen domestizierten Arten inklusive der Nutztiere, das sind dann Haustiere. Oder domestizierten Arten ohne Gebrauchs- sowie Arbeitsnutzen, die gelten als Heimtiere.

„Schön, das auch mal gehört zu haben", wird mancher Nachbar sagen, der sich den nutzlosen Fiffi von nebenan – der permanent in die Einfahrt macht – ins Tierheim wünscht. Ist doch ein Heimtier! Heimtierfreunde sehen das natürlich ganz anders ... ist ja schließlich ein Gott gewollter natürlicher Ausscheidungsprozess. Und für Hundehalter, die Rückenprobleme haben (also: die meisten), kein Grund sich nach dem Köttel zu bücken: **„Dafür zahl ich doch Hundesteuer!"**
Jetzt weißte Bescheid, Nachbar, der zahlt Hundesteuer. Du zahlst aber sogar Grundsteuer, Einkommenssteuer und mit Pech sogar Vermögenssteuer. Gut, dass du dem Heimtierfreund dafür nicht an die Wohnungstür pinkelst. Schließlich wirst ja auch du besteuert und das wäre damit vielleicht ebenfalls „bezahlt"!

Katzenhalter haben es manchmal noch einen Tick schwerer mit der nachbarschaftlich positiven Wahrnehmung. Vor allem, wenn Miezi – die mit dem Glöckchen – im Garten trotz ihrer Halsrassel wieder einen Wellensittich erwischt hat. Und ihn so leidenschaftlich bespielt, dass er sich erst von seinen Flügelchen und dann vom Federkleid trennt. Aber so ist die domesti-

51

zierte Natur in Haus und Heim, sie liefert immer Gesprächsstoff für die Nachbarn ...

Die Hundehalter unter den Nachbarn tragen zudem gerne dem Umstand Rechnung, dass Hunde Rudeltiere sind. Bei denen man das Rudel entweder selbst züchtet **("Ich bin jetzt Hobby-züchter, wollen Sie auch ein paar Welpen aus dem nächsten Wurf?")** oder schrittweise erwirbt, bis die Bude rappelvoll ist. Und der kleine muntere Lärm- und Pinkelzoo auch draußen erschnüffelt werden kann.

Hinweis: Spätestens jetzt kommen die Nachbarn ins Spiel – als miese Spielverderber ("In China hab ich auch mal von der Rasse genascht, auf dem Essteller sind das tolle, ruhige Hunde!") oder aber Hundeflüsterer ("Ich hab schon mal für Ihren Purzel gekocht, Rinderfilet mit Trüffeln"!).

Es sich mit Hundehaltern zu versauen bringt jedenfalls Lang-zeitstress, denn ein Hund kann – wenn nichts dazwischen kommt – bis zu 25 Jahre leben. Und im Grunde sind gut sozi-alisierte Hundehalter nicht nur für ihre Tiere eine Freude, son-dern auch in der Nachbarschaft ein echtes Plus: Oft sind es ausgeglichene Menschen, die gerne an die frische Luft gehen. Wer tierlieb ist und sich hingebungsvoll um Fiffi kümmert, ver-hält sich meist auch gegenüber seinem Nachbarn sehr sozial. Und bückt sich trotz Hexenschuss, um die Hinterlassenschaft seines Vierbeiners zu entsorgen.

Tipp: Schon mal was von der „Initiative für sozialkompetente Hundehalter" gehört? Doch, die gibt es wirklich – siehe: www.sozialkompetente-hundehalter.de. Die Homepage liefert jedem lernbereiten Heimtierfreund fünf tolle Grundregeln, die ihm dabei helfen, sich besser mit Nicht-Hundehaltern zu verstehen. Diese Regeln kann man beispielsweise auch ausdrucken und dem Nachbarn mit ein paar Leckerlis oder leeren (!) Kotbeuteln in den Briefkasten werfen. So ein freundlicher Denkanstoß kommt sicher besser an als eine Anzeige beim Ordnungsamt.

Katzenfreunde leben hingegen fast nie in „häuslicher Massenmenschhaltung", deshalb müssen als Kind- oder Ehegattenersatz ein oder mehrere Stubentiger ran: **„Mein Herbert ist jetzt drei Jahre tot, seitdem habe ich Aphrodite und Beethoven – klassische Musik mögen beide. Und Knuddeln natürlich auch!"** Das sieht selbst der katzenunkundige Nachbar ihm oder ihr ab dem fünften Lebensjahr auch an – wegen der Lücken im Fellbezug. Mit Katzennachbarn gibt es, außer der Diskussion über den Inhalt des Katzenklos in der Biotonne sowie Katzenkotze auf frischer Bügelwäsche beziehungsweise ein paar Kratzern auf warmen Kühlerhauben, selten Stress.

Die restlichen Heim- und Haustierfreunde halten überwiegend Viecher, die megafroh sind, nicht im Kochtopf zu landen, wie etwa die Fische, Piepmätze, Karnickel etc. Oder die wirklich heißen Geräte, an die sich selbst Zoodirektoren nicht ohne Schutzweste und Kevlar-Handschuhe rantrauen: Krabbel- und Schlängelgetier aus dem Terrarium. Für sie sollten Nachbarn immer etwas DDT und für sich ein Antiserum griffbereit haben. Die Telefonnummern von Feuerwehr und THW auswendig zu kennen schadet ebenfalls nicht.

Vorsicht: Neben ein paar Quallenarten und dem Steinfisch tauchen bei der Nennung der giftigsten Tiere auch folgende kleine Racker regelmäßig auf:

- Inlandtaipan
- Schwarze Mamba
- Sydney-Trichternetzspinne
- Königskobra
- Südliche Schwarze Witwe

Aber auch größere Brocken sind nicht ohne: Melden Sie Nachbarn unbedingt beim Ordnungsamt, die ausgewachsene afrikanische Elefanten, Kodiakbären, Leistenkrokodile oder Sumatra-Nashörner in ihren Wohnungen halten ...

Ansonsten hält man einfach klaren Abstand. Wer statt mit einem Hund lieber mit einem Inlandtaipan, einer philippinischen Kobra oder einer indischen Baumvogelspinne Gassi geht, der ist meist auch menschlich ein ziemlicher „Exot" – oder Zoodirektor beziehungsweise Tropenarzt. Dann passt das schon, keine Sorge!

54

Heimtierhaltung ist ansonsten eine tolle Sache und hilft bei positiven Nachbarschaftskontakten. Der Flirtfaktor potenziert sich für jeden Nachbarn – selbst bei einem mit Pferdegebiss –, sobald er einen Hundewelpen oder eine Jungkatze auf dem Arm hat … Das Tier bleibt ihm außerdem bis ins hohe Alter erhalten, wenn er sich an ein paar einfache Regeln hält.

Nachbar zum Tierfreund	Deutsch
„Ist Ihr Hund schon stubenrein?"	Hoffen und Harren hält manchen zum Narren!
„Der sieht ja aus und führt sich auf wie Lassie!"	Er kann jetzt loslassen, ich will nicht aus meiner Liege gerettet werden.
„Ihre Katze spielt doch so gern mit Vögeln … wir bekommen jetzt wieder einen."	Unser erster Steinadler … nach all den toten Sittichen!
„Ihr Frettchen ist aber zutraulich und echt auch gesellig!"	Es schließt gerade Freund-schaften im Zwergkaninchen-stall – eins hat es schon vertilgt!
„Haben Sie neulich ein Aquarium oder ein Terrarium bekommen?"	Skalar oder Taipan? Bei deiner Schusseligkeit ist das für uns eine Überlebensfrage.

Nachhaltigkeitsfamilie 2.0

Ökologisch einwandfrei, pädagogisch wertvoll. Im Grunde viel zu gut für diese Welt und alle Nachbarn.

Nachbar-Schnellcheck: Familie 2.0	👍	👎
Handwerklicher Gebrauchsnutzen	●●●●●	●●
Intellektueller Gebrauchsnutzen	●●●●●	●●
Spaßfaktor	●●●●	●●●
Stress- und Störfaktor	●●	●●●●
Ökofaktor	●●●●●●	
Nachbarschaftlicher Gesamtnutzen	●●●●	●●

Das Beste zum Schluss: zu Hause bei Mustermanns. Jeder Tag ist ein guter Tag und ein neuer Anfang im solarzellen-bedachten Mehrgenerationenhaus. Echt Zucker.

Oma wohnt im Souterrain mit seniorengerechtem Zugang, den Kids gehört das Dachgeschoß. Auf den beiden mittleren Etagen des Reihenhochhauses haben Mami und Papi sich auf je 35 Quadratmetern eingerichtet. Das einzige Haus in jeder Nachbarschaft, in dem nie ein böses Wort fällt. Zumindest nicht in den Kernzeiten, wenn alle weg sind. Oma ist hier knapp über 70, die mittlere Generation Mitte 40 und als Kinder grüßen klassisch eine unauffällige 15-Jährige und der aufgeweckte Nachzügler von acht Jahren. Wir sind Deutschland! Gestern, heute und morgen. Hier laden sich Familienministerinnen gerne ein, wenn sie ihr Land sehen wollen. Denn hier werden Visionen wahr.

Visionen oder Alpträume? Der schöne Schein trügt, häufig nichts als menschliche Tücken, wenn man als Nachbar mal genauer hinsieht: Das Oberhaupt ist bei ihnen die alte Silberlocke – ehemalige Hauswirtschaftslehrerin, Pastorenfrau etc. –, sie ist Controllerin und Hauptinvestor. **„Darf ruhig jeder wissen, wer euch das alles finanziert!"** und **„Für die Anschlusshypothek bürge ich nicht, wenn ihr weiter so undankbar seid!"**. Die resolute Frau vermittelt zudem jedem Nachbarn das Gefühl, sie wäre auch sein Boss: **„Ihr Auto steht auf unserem Grund und Boden, und das Geld dafür hab ich mir sicher nicht für Sie vom Mund abgespart!"**

Die mittlere Generation zeigt sich derweil – vorbildlich für die ganze Nachbarschaft – als Migrantenförderer. Und versaut damit nicht nur die Preise für Gartenarbeit, die Moral leidet ebenfalls. Spätestens wenn Mami sich intensiv um Pjotr kümmert, den gut gewachsenen Gärtner aus Weißrussland: **„Kommen Sie doch ruhig auf ein Tässchen Tee rein, Herr Pjotr. Sie sind ja völlig verschwitzt von der Gartenarbeit. Wollen Sie nicht schnell duschen?!"**
Ja, und auch sonst bereichert die Nachhaltigkeitsfamilie 2.0 jede Nachbarschaft. Papi ist bei ihnen typischerweise ein Ausbund an Hilfsbereitschaft – vor allem am Gartenzaun. Zwar nicht für alle Nach-

57

barn, aber in jedem Fall für alle alleinlebenden Mütter Mitte 30 mit Körbchengröße Doppel-D.

Mami engagiert sich außerdem ganz klassisch im Schulverein und beschützt mit anderen Ökofreaks Frösche ohne natürliche Fressfeinde.

Hinweis: **Umweltbewusst leben ist der wesentliche Markenkern der Nachhaltigkeitsfamilie 2.0. Damit sorgt sie im Nachbarumfeld für Maßstäbe, die keiner wirklich braucht.**

Spritsparen und nachhaltiges Verkehrsverhalten sind hingegen Papis Mission. Dazu hat er extra ein neues Hybridauto angeschafft. Von da an nimmt die Katzenpopulation in der Nachbarschaft allerdings rapide ab – man hört diese Elektrokarren einfach so schlecht. Knack, Knack, Miau und Feierabend. Die gute Nachricht lautet: Die Frösche werden ebenfalls deutlich weniger.

Die nachbarschaftliche Kontaktpflege nutzt die Nachhaltigkeitsfamilie 2.0 vor allem am Wochenende. Da kommen alle Nachbarn zusammen und treffen sich zum Austausch ihrer spannenden Wochenerlebnisse. Jeder fühlt sich wohl. Und steuert je nach Jahreszeit neben Grillfleisch, Erdbeertorte oder Glühwein was Passendes bei. Die Nachhaltigkeitsfamilie 2.0 ist für die Tofu-Steaks sowie belehrende Vorträge über Energieeffizienz zuständig: **„Fast kein CO$_2$ bei der Herstellung! Das Fleisch**

DAS ELEKTROAUTO VON FAMILIE MUSTERMANN
ZEIGTE SCHNELL SEINE NACHHALTIGE
WIRKUNG AUF DIE UMWELT.

von Rindern ist ja wegen deren Methanausstoß für das Ozonloch mitverantwortlich. Bohnenquark macht so was nicht!"

Tipp: Wer die Schnauze von dermaßen tollen Nachbarn endgültig voll hat, der sollte sich selbst helfen. Drucken Sie einfach ein paar großformatige Plakate und hängen Sie die in der Nachbarschaft auf. Textvorschläge:
- „Hybridautos töten leise Leben!"
- „Aufsitzrasenmäher-Rennen für alle Modelle ohne Kat!"
- „Kinder brauchen täglich fünf Kilo rohes Fleisch!"
- „Tofu – raus aus den Kochtöpfen, rein in die Mörteleimer!"

Hin und wieder diskutiert man aber auch Verbesserungsvorschläge im nachbarschaftlichen Miteinander. Die kommen dann von den Nachbarn selbst: **„Wollen Sie Nils nicht ein eigenes Haustier kaufen? Er hat jetzt schon unser drittes Zwergkaninchen mit seiner Armbrust erwischt. Und dann waidgerecht zerlegt und roh gegessen …"** ist nur ein nett gemeinter nachbarschaftlicher Hinweis.

Kein freundlicher Nachbar hat was gegen heimliche kindliche Fleischbeschaffung in mangelernährten Vegetarier-Haushalten. Aber diese Methode kollidiert mit dem Tierschutz – und geht selbst den entspanntesten Nachbarn irgendwann zu weit. Der Nachhaltigkeitspapi 2.0 versteht weder die Aufregung noch solche Diskussionen, es geht doch um ein Kind. Von wegen Toleranz und eigene Lebenserfahrungen sammeln. Mami ist dafür – wie immer – hilflos bemüht, sichtbar überfordert und betroffen. Sie denkt über Therapiestunden für die ganze Familie nach. Sogar dann und wann eine Currywurst für den Achtjährigen sind plötzlich im Gespräch.

Die beste Lösung für die Nachhaltigkeitsfamilie 2.0 wäre jedenfalls – darin sind sich die Nachbarschaftsexperten schnell einig –, wenn sie sich so stinknormal verhielte wie andere Durchschnittsfamilien eben auch. Davon gibt es schließlich ein paar (Millionen?!) in Deutschland!

Nachbar zur Familie 2.0   Deutsch

Nachbar zur Familie 2.0	Deutsch
„Was dürfen Ihre Kinder denn essen?"	Grasen die den ganzen Tag?
„Sie leben ja sehr bewusst und entsagungsreich."	Klassische Ashram-Küche – Kochen ohne Essen!
„Kommen Sie doch mal zu uns zum Grillen!"	Das wird ein billiger Abend!
„Hätten Sie nicht auch sehr viel Freude an einem Haus im Grünen?"	Wir haben was Passendes im Osten für euch gefunden: Innere Mongolei!

Nachbar zur Familie 2.0	Deutsch
„Wie gefällt Ihnen unser neues Biotop?"	Wir düngen es immer mit eurem Tofu-Salat!
„Klasse, dass Sie nun auch Hühner halten und so auf die Eier aus den Legebatterien verzichten."	Und wir werden einem elternlosen Fuchswelpen aus Lärmschutzgründen eine neue Heimat geben.

62

Gemeinsam
unter einem Dach

Flächennutzungsplan mit Bett und WC: die Studentenbude

Die Wohngarage mit Ess- und Schlafecke. Platz ist in der kleinsten Hütte, Freiraum nicht zwingend! Muss ja auch nicht, denn hier wohnt niemand für die Ewigkeit. Studentenbuden sind nur Temporärbehausungen im Bonsaiformat – mit ausgiebigem Freigang.

Das Wertvollste ist neben dem Buchlager sowie den Getränkevorräten die technische Ausstattung vom Laptop bis zum Smartphone. Alles wird funktionell und nach dem Mehrfachnutzungsprinzip auf der unteilbar kleinen Fläche angeordnet:

 Die Bücher stehen doppelreihig im Billy-Regal, das Bett ist Ruhestätte sowie Wäschesammelplatz in einem und das Fahrrad in der Ecke hat die Trockenwäsche am Lenkergeweih und auf dem Gepäckträger. Zwei halbleere Bionade-Kisten dienen mit einem Bananenkarton drauf als Hochregal für den guten Röhrenfernseher, immerhin Farbe.

Aus der Küche grüßen fünf verschiedene Einrichtungsstile und zwei Quadratmeter voll mit bunt zusammengewürfelten Kochutensilien vom Flohmarkt. Außerdem eine funktionsfähige, moderne Espressomaschine und eine kaputte, uralte Mikrowelle. Ein platzverwöhntes Luxusleben führt hier nur die Pflanzenwelt: Die ganze Fensterfront ist voll von erlaubten, wohl genährten Gewächsen in sattem Grün.

Tipp: Wer als Student vor dem Einzug in die erste eigene Wohnung etwas über effizientes Kleinraumwohnen lernen will, der fragt entweder bei seinen asiatischen Kommilitonen nach oder reist selbst auf das chinesische Festland beziehungsweise nach Hongkong. Dort schaffen es zum Teil mittelgroße Familien mit Wohnflächen von knapp 30 Quadratmetern auszukommen. Quasi als Mehrgenerationenwohnung – alles wunderbar geordnet und sauber!

Auf dem Balkönchen stehen übrigens die bei Mama ausgegrabenen Klappstühle und ein Bistrotischchen. Und natürlich ein paar gut gefüllte gelbe und blaue Müllsäcke sowie die vollen Bierkästen. So bleiben die Getränke im Sommer schön warm beziehungsweise sorgen geplatzte Pullen im Winter für Glatteis außen auf der vierten Etage. Die einzige Wohnung mit eigener Natureisbahn von Dezember bis März – ein echter Etagenluxus. Alles in allem: schöner Wohnen auf studentisch.

Passt schon: Zwei- bis Dreizimmerwohnung für Normalos

Das Wohnrevier für zwei bis vier Personen mit einem Verdiener oder doppeltem Rentenbezug. Wohnen genau wie aus dem Möbelkatalog. Natürlich mit sichtbaren Abnutzungserscheinungen bei der Schrankwand, der Couchgarnitur und/oder der Waschmaschine. 60 bis 80 Quadratmeter, praktisch geschnitten, mit gefühltem Parkett, also Stäbchenlaminat. Volle 50 von

100 möglichen Wohnpunkten – das ist absoluter Durchschnitt und stinknormal.

Selbstverständlich ist alles nett und adrett, ordentlich und zum Gähnen spannend. Das Einzige, was hier für Aufregung sorgt, ist abends der TV-Krimi oder Jutta im Negligé. Optisch störend in diesem „Stillleben" wirkt nur das Pinienholztrumm mit den Doppeltüren an der Fensterseite, vor dem auch noch ein Bürohocker steht. Da drin befindet sich die EDV-Abteilung des Hauses: der dicke Aldi-PC mit dem neuen Flachbildschirm und dem Drucker auf Kniehöhe inklusive Ausziehtischchen.

Im Wohnzimmer ist der Platzkonkurrent des Homeoffice längst nicht mehr das Bücherregal, sondern der Plasmafernseher in  Großleinwandformat! Der bei jedem Bundesligaspiel so gestochen scharfe Bilder liefert, dass man sofort sieht, welcher Stürmer der gegnerischen Mannschaft am Oberschenkel Cellulite bekommen könnte oder seine Achselhaare nicht rasiert und deshalb zu Zöpfchen geflochten hat. Ob die Kanzlerin bei ihrer Neujahrsansprache was drunter trägt, sieht man übrigens auch, tolle Kiste! Er hat sie alle von der Wand verdrängt, selbst die röhrenden Hirsche und das Alpenpanorama im Barockrahmen. Quer durch alle Altersschichten gilt: Ohne Flachbildfernseher beziehungsweise Gamecenter ist das Wohnzimmer keines mehr, ganz klar. Die Multimediawand muss sein!

Tipp: Wer Bewohnern einer Zwei- bis Dreizimmerwohnung eine Freude oder Geschenke machen will, der liegt mit einem Gutschein aus einem großen Online-Kaufhaus – vielleicht wird es ja doch mal ein Buch und kein neues Game – oder einem großen Möbelhaus zu hundert Prozent richtig. Spielwarengutscheine gehen bei Familien mit Kind(ern) natürlich auch immer.

Das zweite investitionsrelevante Zimmer ist natürlich die Küche – der Mittelpunkt für jede brutzelnde Mutti: eine Genusszentrale wie bei Fernsehkochs im Studio, komplett ausgestattet mit 28 stromfressenden Küchenhelferlein der semiprofessionellen Luxusklasse. Und als Hausaltar mittendrin der fast frei stehende Herd mit Induktionsfeld sowie Gasflamme. Plus Reliquien, also gerahmte, hart erkämpfte Autogrammkarten sowie eigene Schnappschüsse der geliebten Fernsehköche. 9,4 Quadratmeter perfekt eingerichtete und erstklassig ausgestattete Haushaltsgastronomie. Auf Ratenkredit abzuzahlen in nur noch 22 Jahren, drei sind nämlich schon rum!

Etagenluxus pur: Penthouse und Loft

Sie sind es nicht nur, sie haben es auch – die Etagenreichen, die sich damit auch noch gut fühlen. Ab 300 Quadratmeter Wohnfläche aufwärts. Was so ein statisch intaktes Mehrfamilienhausdach oder eine ehemalige Fabriketage eben flächenmäßig hergibt.

67

Hinweis: Die Einrichtung hat selten etwas mit dem Geschmack des Bewohners zu tun. Was dieser schön findet, bestimmen überwiegend ein oder mehrere Inneneinrichter (Interior-Designer) und deren stilistische Vorlieben. Die müssen ja nicht selbst drin wohnen, es reicht, wenn die neureichen, farbenblinden Designmasochisten den Etagentempel nach diesem Verbrechen an Auge, Bequemlichkeit und Wohnkultur für hip erklären.

Dort trägt dann ein gut präparierter Löwe eine tonnenschwere Acrylplatte auf dem breiten Rücken und gibt sich als veritabler Esstisch für zwölf Personen aus. Um ihn herum drapiert: ein paar unbequeme Sitzmöbel aus farbenfrohem Kunststoff. Die Etagen-Hausherrin behauptet über diesen geschmacksbefreiten Wohnzombismus, das plasteumrahmte Naturkunde-Exponat stehe für „Kolonial meets Retro Living". Und sei der ultimative kommende Wohntrend! Der jetzt schon in Marrakesch wie auch Timbuktu zu den absoluten Favourites gehöre. Den ausgestopften Löwen wird es freuen, wenigstens nicht final im verstaubten Trophäenzimmer eines Großkatzenkillers gelandet, sondern stilprägend für Marrakesch, Timbuktu und Düsseldorf-Oberkassel gestorben zu sein. Aber eben nur, solange die klecksbunten PVC-Höckerchen drumherum stehen.

Ansonsten haben solche Großraum-Wohnbehältnisse von selbstverliebten Dukateneseln selten Spannendes zu bieten: Das Badezimmer hat immer die Ausmaße eines türkischen Hamams – nur eben mit neuester Spitzenduschtechnik nord-

Ich fühle mich oft so eingeengt!

?

italienischer Armaturenhersteller. Die Küche ist selten kleiner als die eines Dreisternekochs und die Ankleidezimmer sehen aus wie die Fachabteilungen der Modehäuser, aus denen ihr Inhalt stammt. Vielleicht einen Tick kleiner, aber nicht wirklich beklemmend winzig.

Ausgewählte Lieblingsoldtimer werden ebenfalls gerne mit in die Wohnetage genommen – sowohl die finanzstark ergrauten Lebenspartner wie auch alte Autos. Für die Letztgenannten löst das beim Penthouse der riesige, angebaute gläserne Außenaufzug. Und im Loft tut es der denkmalgeschützte, vollständig restaurierte Lastenaufzug der ehemaligen Wurstfabrik ...

Häuschen klein: Ein Reihenhaus soll es sein

Eigenes Haus und doch immer mittendrin. Wer auf der Fläche einer großen Wohnung ein Hausgefühl haben will, der ist hier richtig. Jeder Gang hält schlank bei etwa 120 Quadratmetern auf vier Etagen – ausgebautes Dachstudio und Hobbykeller natürlich inklusive. Aufsteigerwohnen für Paare oder Familien mit bis zu drei Kindern.

Getreu der Devise „Eigener Herd ist Goldes wert" wird hier budgetschonend an wirklich alles gedacht und perfekt in dem Reihenmittelhaus untergebracht. Eine nachrangige Hypothek hilft zudem bei größeren Anschaffungen wie dem Dampfgarer, Himmelbett und Glattleder-Couch. Schöneres Wohnen mit mittlerem Einkommen – unspektakulär, aber nicht reizlos. Denn ein Teil der

70

Einrichtung wird selbst entworfen und angefertigt, so beispielsweise die gebatikten Bilder und der Kamin im Wohnzimmer. Was
bei den Bildern völlig unproblematisch und hübsch anzusehen
ist. Etwas schwieriger gestaltet sich da schon mal die Inbetrieb-
nahme des Kamins: Schon oft konnte das Feuer gerade noch
gelöscht werden, bevor es auf die Wohnzimmermöbel übergriff
und die versammelte Familie eine Rauchvergiftung erlitt …

Gut also, wenn der Nachbar als hauptberuflicher Brandmeister
seine Brötchen verdient und wegen seiner Nachtschichten tags-
über schnell greifbar ist. Siedlungswohnen mit guter Nachbarschaft ist quasi ein Muss: Man hilft sich und anderen, wo man
kann – entweder Werte zu schaffen oder Substanz zu erhalten.

Tipp: Wenn solche Siedlungen entstehen, gibt es lauter stolze
Eigentümerfamilien mit meist recht verschiedenen beruflichen Fähigkeiten. Hier sollte Nachbarschaftshilfe ein echtes Grundprinzip
sein! Um diese fair und ehrlich zu gestalten, kann sich so eine Sied-
lungsgemeinschaft zum Beispiel Zeit- und Arbeitskonten einrich-
ten. Jeder, der mitmachen will, sagt der Gemeinschaft eine feste
Stundenanzahl zu. Sein spezifisches Know-how wird dann von
jemandem genutzt, dessen Dienste und Fähigkeiten ein anderer
Nachbarhaushalt gebrauchen kann. Reihum.

Das Ganze darf nicht zu Schattenwirtschaft und Schwarzarbeit
führen. Das gilt auch für die „wenigen" noch ausstehenden Ar-

beiten. Denn so ein Häuschen ist – wie der Kölner Dom – nie ganz fertig! Im Handtuchgarten ist nämlich nach wie vor Platz für einen Naturteich und im Keller kann die Waschküche dank neuem Kondenstrockner zum Fitnessraum umfunktioniert werden. Außerdem soll nun endlich Muttis Poco-Küche gegen ein Markenmodell ausgetauscht werden – der dazu notwendige Wanddurchbruch ins Esszimmer stand eh an, Wohnküchen sind schließlich viel praktischer. Ins Badezimmer kommt eine ebenerdige Duschtasse, denn barrierefrei ist immer gut, spätestens im Alter. Und die Kids wollen nicht nur ihre eigenen Zimmer behalten, sondern zusätzlich noch ein Arbeitszimmer. Also ist das Dachstudio neu zu gestalten. Das sollte dann aber gleich vernünftig gemacht werden – mit kleiner Gästetoilette. Irgendwann sind die Kids ja aus dem Haus und man kann die Räume unterm Dach als Gästezimmer nutzen.

So wandelt sich innen ein Siedlungsreihenhaus spätestens alle zehn Jahre. Und die Eigentümer wundern sich auf ihrer Dauerbaustelle, dass ihr Häuschen – zählt man zum Kaufpreis die notwendigen Investitionen dazu (inklusive der Fehlversuche bei

den Eigenleistungen und der daraus resultierenden Handwerkereinsätze) – kein Schnäppchen mehr, sondern zum 300.000 Euro teuren Objekt mutiert ist. Obwohl die Fläche immer gleich geblieben ist. Keiner weiß wirklich warum, aber die finanziellen Belastungen wollen einfach nicht weniger werden. Komisch, komisch ...

Freistehend
wohnen und leben

Natur pur: Knusperhäuschen im großen Garten

Wer hier wohnt, will nicht unbedingt reich sein oder so wirken, sondern auf seine Art möglichst stressfrei und entspannt leben. Überwiegend ideologiefreies Downsizing (sieht man von den paar Hardcore-Ökos mal ab), meist auf dem Lande. Hier wohnen Nachdenker, Um- und Aussteiger. Raus aus dem Status, rein in den Lebensspaß auf beherrschbarer Wohnfläche.

Man merkt schnell, ob solche Häuschen von extremen Ökos oder Normalos, die einen Gang runtergeschaltet haben, bewohnt werden. Die Ökoversion ist die biologisch einwandfreie Grundstücks- und Hausentwicklung zurück zu Mutter Natur. Zu dem Wenigen, was sich dabei sichtbar weiter- und nicht rückentwickelt, gehört die naturnahe Strom- und Wassergewinnung mittels eines hochmodernen Windrads. Oder der so intelligent aufgestaute Bach in Hausnähe, der die Fläche drumherum zum dauerhaften Feuchtbiotop macht. Dagegen darf man auf keinen Fall etwas sagen, denn die neuen Bewohner

leben im Einklang mit der Natur! Widerspruch zwecklos, Klagen bei eigener Wohnwertverschlechterung aber nicht.

Die Downsizer wiederum haben einen anderen Plan. Sie wollen einfach entspannter leben als vorher, ihre Work-Life-Balance hat sich in Richtung Pri-

74

vatleben verschoben. Das sieht man Haus und Garten meist an – bei ihnen wird überschaubar und kreativ Hand und Geld angelegt: Die Gärten verfügen über eine innere Ordnung und werden so gepflegt, dass Bewohner, Flora und Fauna was davon haben. Also kein Kurzschnittrasen, dafür gepflegte Wiesenflächen mit Gräsern plus Blumen. Das Gartenhaus ist keine Baumarktversion, kann sich aber trotzdem sehen lassen und ist nicht selten in Blau, Dunkelrot oder Gelb gestrichen. Und die Obstbäume tragen genau die Früchte, die sich Nachbarn gerne über den Jägerzaun reichen lassen, wenn sie vom EU-Normobst die Nase voll haben.

Hinweis: Wer sich mit solchen Hauseigentümern verstehen will, sollte mit ihnen nicht über das Warum ihrer Lebensführung diskutieren. Und lernt dann hilfsbereite und ehrliche Nachbarn kennen, die gerne mal eine offene Türe haben und ihre Entspanntheit mit denen teilen, die sich daran nicht stören. Leute, mit denen man auch unter der Woche Wein bis zum nächsten Morgengrauen trinken kann – falls man intellektuell sowie vom Fassungsvermögen halbwegs mithalten und sich seine Zeit frei einteilen kann.

Im Häuschen findet sich fast immer ein richtiger Bullerofen und eine Einrichtung, die beweist, dass weniger mehr sein kann. Nichts wirklich Billiges, sondern Möbel, die lange halten, weil ein guter Schreiner sie in schnörkelloser, aber verlässlicher Handarbeit hergestellt hat. Eine Wohnausstattung, die vor allem dem Lebensgefühl ihrer Bewohner entspricht: So viel wie nötig und gewünscht – allerdings ohne dafür nur zu arbeiten oder lange sparen zu müssen.

Dafür ist der Kühlschrank immer bestens mit erstklassiger Feinkost aus der Region gefüllt und der Wein geht auch nicht aus. Alles hat seinen Platz, selbst wenn er kleiner als anderswo ist. Das Zufriedenheitshäuschen mit großem Garten gibt es ja her. Gerade weil oder obwohl dessen Bewohner mit ihren gut sozialisierten ein bis zwei Kindern nicht mehr so schrecklich viel für das Bruttosozialprodukt des Landes tun.

Tipp: **Will man solche Nachbarn beeindrucken, bringt man zum Kennenlernen am besten frisches selbst gebackenes Brot – keine Backmischung! –, Salz und echte Landbutter mit. Oder eine Flasche Landkorn beziehungsweise einen echten Winzertropfen aus der Region. Von da ab läuft es meist rund, wenn man fair und ehrlich miteinander umgeht.**

Familienglück pur: freistehendes Haus mit Garten

Wer hier wohnt, der hat es – und ist meist auch ein wenig – geschafft. Aber: Respekt! Keine fünf Urlaube im Jahr oder alle zwei Jahre ein neues Auto, stattdessen ein Wohn- und Lebensraum, der sich nicht nur sehen lassen kann, sondern auch

Wie lange der Nachbar wohl noch seinen Rasen mäht?

für bleibende Werte steht. Wenn die Rente schon nicht sicher ist, hat man im Alter wenigstens solide gemauerte Reserven. Gehobenes Mittelstandswohnen für Familien mit Kindern. Großzügig, ohne über die eigenen Verhältnisse zu leben. Das doppelte Einkommen sorgt für Sicherheit und finanzielle Freiräume. Innen wie außen: adrett, klar und funktional.

Hinweis: Gute Nachbarschaft ist hier leicht zu haben. Solange beide Seiten das nicht nur als Lippenbekenntnis sehen, sondern auch ein bisschen was dafür tun: Man passt aufeinander und die Häuser auf, hilft sich bei kleinen Besorgungen oder fährt die Kinder abwechselnd und reihum zum Sport. Und verzichtet auf Statusgequatsche sowie wechselseitiges Übertrumpfen am oder hinterm Gartenzaun. Denn wer hier nebeneinander wohnt, der tut dies häufig für lange Zeit. Also ist Fingerspitzengefühl im Umgang genauso wichtig wie Ehrlichkeit. Es lohnt sich.

Diese Familien wissen mit sich und der Welt etwas anzufangen und gönnen sich nette Add-ons wie etwa einen Gemüsegarten oder ein paar Obstbäume mit alten Fruchtsorten.

Ein bisschen Status schwappt dann und wann aber trotzdem nach draußen. Denn hinter hölzernen Sichtschutzzäunen mit gesetzeskonformer Maximalhöhe findet sich auf dem 800 bis 1.500 Quadratmeter großen Grundstück sowohl ein Aufsitzrasenmäher für den Hausherrn als auch ein großes Planschbecken oder ein kleiner Bolzplatz für die Kids. Innen ist alles gutbürgerlich und unverkrampft wohnlich: mit gemauertem Kamin, Klavierecke sowie Büchereinbauwand. Das Home-office ist kein Schrank, sondern ein richtiges Zimmer – inzwischen ja wieder steuerlich absetzbar – und die Küche kein Kochstudio, nur einfach eine große, schicke Küche. Mit den Markengeräten drin, die auch wirklich gebraucht werden, sieht man mal vom Salamander ab.

Solange hier keiner einen Höhenflug bekommt, es beim Geldverdienen nicht klemmt und keine Midlifecrisis-bedingten Partnerwechselambitionen entwickelt werden, läuft alles stressfrei. Auch in und mit der Nachbarschaft.

Wo wir sind, ist oben: Villa mit Pool und Tennisplatz

Nur kein Neid! So lautet die offizielle Sprachregelung, von der die Bewohner solcher Paläste allerdings oft wenig halten. Neid wird gern genommen, gilt er doch als gutes Zeichen, dass man es geschafft hat.

Ganz im Gegensatz zu denjenigen, die 200 Quadratmeter für vier Personen als den puren Luxus mit einer Menge unbewohntem Raum ansehen. Da sind die Bewohner dieser Wohnflächenbrummer natürlich anderer Ansicht: Zum Atmen, Essen, Schlafen und Wohnen benötigt man pro Person mindestens 150 Quadratmeter umbauten Raum und tausend

79

Quadratmeter Grünfläche. Alles darunter ist beengtes Hausen – wie in einer Legebatterie.

Tipp: Das Einzige, was solche Nachbarn wirklich beeindruckt, ist, unbeeindruckt zu bleiben. Keine „Ahhhs" und „Ohhhs", sondern eine vorgelebte Normalität von Menschen, die auch mit deutlich weniger glücklich sind. Wer einfach nur freundlich ist, der findet hier häufig interessierte Gesprächspartner, die dann (kann ganz drollig sein) sogar versuchen, einen Gang runterzuschalten. Funktioniert das nicht, hilft ignorieren. Denn wer sich selbst darstellen will, gibt ohne interessiertes Publikum meist schnell Ruhe und kehrt zurück zu seinesgleichen: in die Welt der oberen Zehntausend.

Na ja, Hauptsache man fühlt sich wohl mit dem Erreichten! Und zum XXL-Wohlfühlen bieten solche Einhausdörfer reichlich Platz. Solange man sich nicht derart im Gewölbe verläuft, dass man kurz vor dem abgeschlossenen Vorratskeller (der mit der Trüffelreserve, den proteinhaltigen Kaviarbeständen und der geräucherten Gänsestopfleber) verhungert oder vor dem ebenfalls dreifach gesicherten Weinkeller verdurstet ... Zwei Kilometer ungeklärter Rückweg zum Schlüsselschrank im Bodensafe des Dachgeschosses sind manchmal eben tödlich. Fünf-Sterne-Neidfaktor hin oder her.

Wo wir gerade beim Thema Neid sind: Richtig viel Geld geht bei diesen Wohnbunkeranlagen natürlich für deren Sicherung drauf. Die Alarmanlage inklusive Laserabtastung und Wärme-bildkameras für das Innengelände sowie die fünf Meter hohe Außenmauer mit Erschütterungsmeldern ist schon mal teurer als das Gemälde von Daniel Richter in der Eingangshalle. Und auch der atombomben- und entführungssichere Panic-Room hat ein fettes Sümmchen gekostet – da mussten nämlich eine Zigarrenlounge für den Hausherrn und zwei Ankleidezimmer für Madame mit rein. Man will ja in Krisensituationen nicht völlig auf Genuss und eine halbwegs angemessene Garderobe ver-zichten.

Safety first gilt in solchen Häusern eben für fast alles, selbst für das Personal. Deshalb sind die Haushälterin, der Fahrer und der Gärtner mit auf dem Gelände einquartiert: Im Personaltrakt mit sei-nen wohnlichen 25 Quadratmetern, direkt neben der Umwälzpumpe für den Pool. Mietfreies, schickes Wohnen – vom Minigehalt anteilig abgezogen.

Hinweis: Wer es ebenfalls hat und solche Nachbarn doch mal be-eindrucken will, der denkt am besten über eine schicke Auslands-immobilie nach. Kaum zu toppen sind dabei eigene Inseln. Nette Angebote für jeden großen Geldbeutel findet man zum Beispiel un-ter www.vladi-private-islands.de oder bei den internationalen Im-mobilienabteilungen der Auktionshäuser Christie's oder Sotheby's. Wenn gerade keine passende Insel dabei ist, tut es ja vielleicht auch ein Schloss oder eine Burg oder …

Zeige mir, wie du wohnst ...

Damit die naiv redseligen Domestiken aus dem Ostblock nicht zu oft nach Hause fahren, um dort zu erzählen, was es in deutschen Villen so alles gibt …

Grenzwertig

heimwerken

Ja, ja … frei nach dem Sprichwort „Es kann der Bravste nicht in Frieden leben, wenn es dem bösen Nachbarn nicht gefällt". Soweit die Theorie. In der Praxis sieht es häufig anders aus …

Spätestens wenn Brave ihre Grundstücke genau vermessen und dann absichern (nur so, man kennt halt seine Rechte), kann auch der Nachbar richtig böse werden. Denn die Grenzen zwischen Gut und Böse sind mehr als fließend, wenn es nachbarschaftlich kriselt oder knirscht. Und das Arsenal für Nachbarschaftsstreitigkeiten ist schier unerschöpflich, sobald es richtig zur Sache geht.

Selten werden Gegenstände bereits von Herstellerseite als Konfliktgerät oder gar Waffe verkauft, vieles verliert seine Unschuld – und damit den positiven Nutzen – erst durch veränderte Anwendung oder negative Wahrnehmung. Deshalb ganz klar: Was nun beschrieben wird, dient der Unterhaltung und dem Sinnieren darüber, wie albern Nachbarschaftsstreitigkeiten doch eigentlich sind.

Vermessenes: Zollstock, GPS und Geodäten

Nachbars Haus und Grund ist sein Eigentum und jeder Zentimeter zählt. GPS, Katasteramt und Grundsteinen sei dank. Eigentum ist nicht nur machbar, Herr und Frau Nachbar, es ist auch messbar – notfalls bis zur zweiten Stelle hinter dem Komma. Kampfbereite Nachbarn verbinden ihre landmesserische Präzision mit dem ausgefeilten gesetzlichen Regelwerk des Nachbarschaftsrechts.

Vorsicht: **Solchen Nachbarn wird ab einer eigenen Grundstücksfläche von 50 Quadratmetern (am besten dreiseitig umbaut) nie wieder richtig langweilig! Der Klärungs- und Verteidigungsbedarf steigt mit jedem weiteren eigenen Quadratmeter und entwickelt sich ab tausend Quadratmetern schließlich zur Lebensaufgabe ...**

Als Erstes wird lustvoll an den vermuteten Ecken nach Grundsteinen gebuddelt. Groben Aufschluss über die richtigen Plätze verschaffen ein Besuch beim lokalen Vermessungsamt und eine vergrößerte Fotokopie vom Registerblatt im Maßstab 1:20 – also Großleinwandformat – des im Teileigentum befindlichen Flurstücks. Alle Ecken und Kanten sind da drauf, inklusive Flächenvermaßung!

Ruckzuck ist man so jeder nachbarschaftlichen Sauerei auf der Spur. Da kommen bei sauberem Einsatz von GPS-Peilung und geeichtem Zollstock schnell mal ein paar fremd genutzte oder gar bebaute Quadratmeter raus, die sich akkurate Nachbarn mit wenigen Spatenstichen, Kettensägenschwüngen oder Hammerschlägen zurückerobern. Oder per gerichtlicher Rückbauverfügung ganz einfach wieder erstreiten! Grundstücksgrenzen sind schließlich heilig und Recht muss Recht bleiben, da könnte ja sonst jeder kommen.

Was nicht selten passiert, denn durch so viel nachbarschaftliche Großzügigkeit beschenkte Grenzinhaber tendieren meist zur passenden rechtlichen Antwort. Oder stellen eigene Ermittlungen darüber an, ob zum Beispiel der erst kürzlich hinzugekommene Balkonanbau der lieben Nachbarn oder deren Gartensauna in Höhenmaß und Grenzabstand dem gesetzlichen Regelwerk entspricht.

Wer Ingenieur oder gar Architekt ist, sieht sich bei solchen Grabenkämpfen nur so lange im strategischen Vorteil, wie er auf der Gegenseite keinen Ordnungsamtsleiter oder Richter vorfindet. Gibt der Gegner im laufenden Verfahren jedoch als Berufsbezeichnung Geodät an, ist jeder Streit schnell am Ende beziehungsweise beim Vergleich – egal ob man Kläger oder Beklagter ist. Denn bei Vermessungsingenieuren als Verfahrensgegnern gewähren nur sehr wenige, besonders kulante Rechtsschutzversicherungen Deckungszusagen ab der zweiten Instanz …

Franz Obst als Rechtsanwalt meint dazu:

Hier lohnt sich der Blick ins Nachbarrechtsgesetz (NachbG) des jeweiligen Bundeslandes, das Grenzabstände für (fast) alle Eventualitäten regelt: Einfriedungen, Auf- und Anbauten und dergleichen mehr, aber auch für Bäume, Sträucher, Hecken (getrennt nach Gattung). Wichtig ist bei Gehölzen zu prüfen, ob der Beseitigungsanspruch gegebenenfalls bereits ausgeschlossen ist (vgl. statt aller § 47 NachbG [NachbG NRW], dort sechs Jahre).

Grenzsicherungsanlagen: von Hecken, Zäunen und Mauern

Wassergräben mit ausgehungerten Piranhas oder Krokodilen, Demarkationslinien inklusive Selbstschussanlagen, Stacheldraht: überwiegend Geschichte. Völkerrechtlich geächtet oder im nachbarschaftlichen Grenzgebiet schlichtweg gesetzlich verboten. Aber irgendwas geht immer.

Hinweis: Wer als Kind mit Legosteinen dekorative Grenzmauern bauen konnte, dem fällt auch als erwachsener Grundstücksverteidiger Passendes ein. Mit Jägerzaun und Maschendraht kommt man aber heutzutage maximal zu kurzzeitiger Berühmtheit und einem Liedchen im Privatfernsehen. Also nicht sehr weit.

Die wirklich wirksamen Grenzbefestigungen sind viel subtiler, nachhaltiger und noch dazu natürlich. Denn Mutter Natur hat jede Menge wehr- und schmerzhaftes Gesträuch im Angebot, das jeden Natodraht toppt. Von der Blutberberitze – hier ist der Name Programm – über Schlehdorn bis zum afrikanischen Dornbusch (der von Nachbars Dackel bis zu Löwen alles fernhält). Alles hübsche Gehölze mit teils essbaren Früchten und positiver Heilwirkung – solange man nicht dran hängen bleibt! Also, Vorsicht! So manche nächtliche Blasenentleerung nach einem munteren Herrenabend am eigenen Wehrgehölz hat in der chirurgischen Ambulanz ein jähes Ende gefunden – und für reichlich Gesprächsstoff bei den Nachbarn gesorgt.

Die konventionell bewährten Alternativen sind meist mehr oder minder normale Zaun- und Maueranlagen. Gerne – auf der Nachbarseite – dekoriert mit charmanten Verbotsschildern.

Viel hilft viel. Mehr als tausend Worte sagt hingegen ein doppelt gezogener oder ein höhengestaffelter dreifach gezogener Zaun. Da muss dann nicht mal eine Hundelaufanlage für Kampfpinscher integriert sein. Zusätzliches Flutlicht sowie Kontrolltürme gehören natürlich zur Luxusausstattung für extrem Hartgesottene. Manchmal reichen auch schon die einbetonierten Glasscherben auf der Maueroberkante aus.

Natürlich macht man sich bei seinen Nachbarn mit derartigen Grundstücksabgrenzungen völlig zum Affen. Und darf sich nicht wundern, wenn einem nachher Futter in den eigenen Käfig geworfen wird.

Tipp: Fünf beliebte, in zahlreichen Gartencentern erhältliche Dornenpflanzen, die sich gut als Hecken eignen und wehrhaft stachelig sind:

- Feuerdorn (bis zu 2,50 Meter hoch)
- Immergrüne Berberitze (mit bis zu vier [!] Zentimetern langen Stacheln)
- Schottische Zaunrose (braucht leider viel Sonne)
- Sanddorn (lecker gefährlich! Achtung: Fruchttragend sind nur weibliche Sträucher, aber die sind extrem Vitamin-C-haltig)
- Eingriffliger Weißdorn (gilt als Heilpflanze ...)

Franz Obst als Rechtsanwalt meint dazu:

Bevor Sträucher und Gehölz angepflanzt werden, lohnt sich einmal mehr der Blick in das Nachbarrechtsgesetz des jeweiligen Bundeslandes, das zahlreiche Vorschriften zum Abstand von Pflanzenarten mit genauer Zentimeterangabe bereithält – vergleiche §§ 41–43 NachbG NW. So schützt man sich davor, die mühsam angepflanzten Sträucher oder Hecken auf Betreiben des geschätzten Nachbarn wieder entfernen zu müssen. Auch sollte man von der chemischen Beseitigung von Unkraut auf allen „befestigten" Verkehrs- und Betriebsflächen Abstand nehmen: Es ist – ohne Vorliegen einer Ausnahmegenehmigung – verboten.

Natürliches: Komposter und Naturdünger von Pferd oder Pinguin

In der nachbarschaftlichen Rechtsprechung gehört der Gartenkomposter bis heute zu den beliebten Klassikern. Denn mit ihm lässt sich nicht nur erstklassiger Mutterboden generieren, sondern auch so manches Nachbarschaftsverhältnis nachhaltig zerrütten. Wird der Komposter gesetzeskonform benutzt – Achtung, die Rechtsprechung dazu entwickelt sich ständig weiter –, kann er für blühende Landschaften im eigenen Garten sorgen, aber auch für lang anhaltenden Stunk mit den Nachbarn. Als Geschädigtem bleibt einem da häufig nur ein ordent-

89

liches Gebläse: ein starker und präzise ausgerichteter Ventilator in Bodennähe (besonders effektiv in den warmen Sommermonaten). Eine solche Abwehrmaßnahme soll schon so manchen Komposterfan kurzfristig zum Umquartieren oder Abbau seines Behältnisses bewogen beziehungsweise zurück zur klassischen Blumenerde aus dem Gartencenter geführt haben.

Franz Obst als Rechtsanwalt meint dazu:

Die Kompostierung von Abfällen hat in letzter Zeit an Beliebtheit deutlich zugenommen. Nach Auffassung des Landgerichts (LG) München I („Neue Juristische Wochenschrift Rechtsprechungs-Report" [NJW-RR] 1988, S. 205) stellen Komposthaufen unmittelbar an der Nachbargrenze eine unzumutbare Belästigung wegen der zu erwartenden Immissionen durch Gerüche und Insekten dar. Der betroffene Nachbar hat einen Anspruch auf Verlegung der Anlage gemäß §§ 906 I, 907 I BGB. Die Besonderheit des Falles lag hier unter anderem darin, dass sich der Komposthaufen ursprünglich an anderer Stelle befand.

Zahlreiche Bundesländer haben zwischenzeitlich eine eigene Verordnung über die Beseitigung pflanzlicher Abfälle erlassen und darin die Kompostierung von Küchen- und Gartenabfällen für zulässig erklärt. Allerdings sind Grenzabstände einzuhalten – so etwa nach der „Thüringer Verordnung über die Beseitigung von pflanzlichen Abfällen" vom 2.3.1993. Hiernach beträgt der Mindestabstand zur Grundstücksgrenze fünf Meter …

Unter den beliebten Kampfmitteln nachbarschaftlicher Geruchs-belästigung finden sich neben anderen praktischen Helferlein vor allem die Naturdünger: zum Beispiel frische Pferdeäpfel oder Guano. Wunderbares Pflanzendoping im eigenen Garten mit garantiertem „Aufregungswachstum" beim Nachbarn.

Hinweis: **Den Grillabend nebenan veredelt wiederum eine Schub-karre dampfend frischer, grenznah verarbeiteter Pferdeäpfel. Die schaffen es auch, den Spiritusduft und die nach Holzkohle riechen-den Rauchschwaden zu neutralisieren …**

Effizienter ist da nur noch getrockneter Vogelkot – beispiels-weise der von Pinguinen, besser bekannt als Guano. Aus dem nicht nur aparte Duftwolken entweichen, sondern sich auch mit etwas chemischem Grundwissen immer noch sehr ordent-licher Sprengstoff herstellen lässt. Kein Thema, das man in Hinblick auf die Nachbarschaftsverhältnisse ernsthaft vertiefen sollte, so spannend es ist.

Den wahren Thrill bietet nur ein großer Holzkohlengrill!

Über Holzkohlengrills als Nachbarschaftsaufreger wurde fast alles schon gesagt, geschrieben und geurteilt. Sie sind und bleiben die billigste Nachbarschaftswaffe des kleinen Mannes. Punkt. Eines ist jedoch klar: kleiner Mann, kleiner Holzkohlen-grill, großer Mann …

Wie wäre es also, mal über ein richtiges, echtes Trumm von Grill nachzudenken? Zünftige Holzkohlengrills, die man bei Google Earth oder die die Stammbesatzung der ISS aus dem Weltall sehen kann?! Gerade in den wirtschaftlich aufstrebenden ehemaligen Ostblockstaaten ist manchmal ein schönes Schnäppchen zu machen, das im heimischen Garten auch optisch was hermacht – eine alte Dampflok zum Beispiel. Für handwerklich begabte Nachbarn oder solche mit dem nötigen Kleingeld die ultimative Grill-Location. (Geschickte Schlosser und Schmiede zaubern mit Schneidbrenner und Trennschleifer daraus in ein paar Wochen für wenige 10.000 Euro einen perfekten Gartengrill.)

Tipp: **Die Alternative ist profaner: Garage leer räumen, Dach runter und ein ordentliches V2A-Rostgestell oben drauf. Und schon gibt es Spareribs XXL und Würste am Laufmeter. Think big! Die Lokalpresse bekommt meist sehr schnell Wind von so was und die Nachbarn kommen ebenfalls nicht zu kurz.**

Wer beim konventionellen Kleingrill – warum auch immer – bleibt, muss mit schlichteren Maßnahmen auskommen: Anfeuern mit halbnassem Stroh beziehungsweise Holzwolle oder voll gepinkeltem Kaninchenheu. Darauf dann ordentlich Superbenzin und die Wolke reicht zumindest zur Einstellung des Flugverkehrs auf dem nahegelegenen Flughafen und für Rauchvergiftungen im nachbarschaftlichen Umkreis von fünf Kilometern. Besser als nix, selbst wenn keine Astronauten durchrufen und einen netten Grillabend wünschen!

Franz Obst als Rechtsanwalt meint dazu:

„Grillende Mieter sind gehalten auf andere Mieter Rücksicht zu nehmen. Im Gegenzug sind Mitmieter gehalten, durch gelegentliches Grillen einhergehende Belästigungen durch Rauchgasentwicklung hinzunehmen. Dies folgt aus dem Gebot der Rücksichtnahme, das wechselseitig gilt. In einem Mehrparteienhaus hat der Vermieter darauf hinzuwirken, dass die Mieter in der Zeit von April bis September nur einmal im Monat grillen, wobei das Grillen 48 Stunden zuvor den anderen Mietern anzukündigen ist" (Amtsgericht [AG] Bonn, Urteil vom 29.4.1997, Aktenzeichen: 6 C 545/96). Nach Auffassung des Landgerichts München ist „sommerliches Grillen im Garten erlaubt, wenn die Nachbarn dadurch nicht oder nur unwesentlich beeinträchtigt werden" (LG München I, Beschluss vom 12.1.2004, Aktenzeichen:15 S 22735/03). Tatsache ist, dass die Rechtsprechung in Deutschland uneinheitlich ist. Die Erlaubnis fürs Grillen reicht von insgesamt sechs Stunden im Jahr (LG Stuttgart, „Neue Juristische Wochenschrift Entscheidungsdienst Miet- und Wohnungsrecht" [NJWE-MietR] 1997, S. 137) bis hin zu zweimaligem Grillen im Monat (AG Westerstede, „Neue Zeitschrift für Miet- und Wohnungsrecht" [NZM] 2010, S. 336).

93

Stilprägende Außendekoration: Gartenzwerg & Co.

Schönheit liegt bekanntlich im Auge des Betrachters. Wer seinen Nachbarn also ordentlich was auf die Augen geben will, der benutzt dazu nicht die Fäuste – die Außendekoration reicht völlig aus!

Die wenigen wahren und überwiegend lebenslangen Freunde von Gartenzwergen haben sich diskret in ihre Schrebergärten zurückgezogen. Der große Rest der Menschheit – viele Millionen in Freiheit lebende Nachbarn – mögen diese schrägen Dinger einfach gar nicht. Und rümpfen bestenfalls die Nase über derartige Geschmacksentgleisungen. Im Streit verbundene Nachbarn können sich jedoch kräftig über solche Gartenzwerge ärgern!

Ist das passende Ensemble dieser geschmacksverirrten Ton- oder Kunststoffwichte für den Nachbarn gut sichtbar platziert, steigt das Wutbarometer wieder um ein paar nützliche Grade an. Das ist zwar nicht wirklich der ganz große Sprung, aber steter Tropfen höhlt den Stein. Insbesondere, wenn die Truppe der Gartenzwerge langsam und unkontrollierbar wächst. Dünnhäutige Nachbarn greifen dann irgendwann zu Hammer oder Luftgewehr und schaffen damit justiziable Fakten zugunsten ihrer Gegner.

Hinweis: Gartenzwerge haben keinen Sitz in der Uno und werden auch nicht von Amnesty International vor gewaltsamer Fremdeinwirkung oder böswilligen Nachstellungen geschützt. Dafür gibt es die Internationale Vereinigung zum Schutz der Gartenzwerge, kurz IVZSG, die 1980 in Basel gegründet wurde und sich zum Ziel gesetzt hat, Gartenzwerge gegen Gewalt und üble Nachrede zu schützen. Wer sich also engagieren will, unter www.zipfelauf.com gibt's alle Infos.

Beim Kampf am Gartenzaun werden die Gartenzwerge nur noch durch den gezielten Geländeeinsatz von ausrangierter Sanitärkeramik, sprich Toilettenschüsseln, getoppt. Ordentlich gereinigt und in Schuppen, Keller oder Garage zwischengelagert, sind sie die Mörsergranaten in einem späteren Nachbarschaftsstreit. Auf kurze Distanz eingesetzt – also an einer Ecke des eigenen Grundstücks, die der Nachbar gut, man selbst aber gar nicht sieht –, verfehlen sie nie ihre durchschlagende Wirkung. Durch nichts kann man einem Nachbarn die eigene Wertschätzung besser zeigen als mit einer ihm gewidmeten Kloschüssel. Zufällig dekoriert mit seiner Hausnummer und einem kleinen harmlosen „A" dahinter …

Achtung: Zur juristischen Bewertung eines solchen Einsatzes von Toilettenschüsseln sind bislang keine einschlägigen Fälle bekannt. Dennoch ist hier gegebenenfalls Vorsicht geboten. Nicht, dass Sie dank entsprechender Haus- und Gartendekoration hinterher selbst juristisch auf den sprichwörtlichen „Pott" gesetzt werden.

Franz Obst als Rechtsanwalt meint zum Thema Gartenzwerge:

Nicht jeder Gartenzwerg wird als Verschönerung oder gar Bereicherung von Nachbars Garten empfunden. Ein Nachbar stellte auf seinem Grundstück einen Gartenzwerg auf, der die Zunge herausstreckte. Außerdem zeigte die Figur dem Nachbarn den ausgestreckten Mittelfinger, der allerdings umwickelt und mit einer Blume versehen war. Juristen stufen Derartiges in der Regel als Ehrverletzung ein, was eine gerichtlich angeordnete Entfernung der Außendekoration nach sich ziehen kann. Hier lag der Fall deshalb anders, weil der Nachbar die Figur drei Jahre lang geduldet hatte, ohne rechtliche Schritte einzuleiten. Das kann unter Umständen dazu führen, dass er einen Beseitigungsanspruch verwirkt. So entschied das Landgericht Hildesheim (LG Hildesheim, Urteil vom 31.1.2000, Aktenzeichen: 7 S 364/99).

Von „wuff" bis „schnatter": Wach- und Schutzgetier

Leinen los! Was ist schon eine Heckenbepflanzung oder ein Jägerzäunchen gegen ein oder mehrere kampfbereite Haustiere zur Sicherung einer Liegenschaft? „Jurassic Park" im eigenen Garten – nur mit modernerem Viehzeug statt ein paar alten, gebrauchten Dinos. Ganz klassisch, mit einem Warnschild am Eingang: „Hier wache ich!" Auf das allerdings dann (apropos Dinos) nicht das Konterfei der in der Einliegerwohnung beheimateten Schwiegermutter gehört. Oder vielleicht doch?! Erstmal zählt ja vor allem die Abschreckung ... und das könnte manchem Nachbarn schon reichen.

Zurück zu den Tieren: Das sind wunderbar unkomplizierte Geschöpfe, die ihrem Halter als futterabhängige, treue Gefährten überwiegend zugetan sind. Und es vor allem verdienen, nicht für niedere menschliche Zwecke missbraucht zu werden! Amen. Auch wenn stets die Unschuldsvermutung gelten sollte, gibt es immer und überall Nachbarn, die mit Tierschutz herzlich wenig am Hut haben und Haustiere dazu halten, um sie gegen Mitbewohner und Grenznachbarn ins Feld zu führen.

Große Grundstücke verdienen großes Wachgetier. Und auch hier ist der beste Freund des Menschen – nein, nicht der Rechtsanwalt –, der Hund, erste Wahl. Die gute Nachricht: Es gibt keine Kampfhunde, nur bekloppte Halter von kräftigen, gutmütigen, großen Hunden. Die schlechte: Die können aus jeder Fellnase ein schwieriges und gefährliches Tier machen. Das hektisch elektrisch am Zaun patrouilliert und alles angeht, was zu nahe kommt. Gegen solche Zeitgenossen hilft nur die Einschaltung des Ordnungsamts und ein paar lokale Pressevertreter, die sich des Themas ganz beherzt annehmen und Hund sowie Halter öffentlichkeitswirksam voneinander trennen.

97

Sie sind also unser neuer Nachbar! Na, da muss sich der Fiffi erst mal dran gewöhnen!

Konfliktbereite Nachbarn, die etwas auf sich halten, machen so was nicht, nein, sie sind deutlich kreativer bei ihrer Haustierhaltung und nehmen zum Beispiel Gänse: zur Grenzsicherung und als stromunabhängige Alarmsysteme. Wehrbereit, laut und ab einem Lebensjahr überaus schmackhaft!

Tipp: Wer mehr über Gänsezucht wissen will, wendet sich vertrauensvoll an den SV Deutscher Gänsezüchter von 1907: svdeutscher gaensezuechter.npage.de. Der Traditionsverein mit seiner über einhundertjährigen Geschichte gilt als Institution in Deutschland und richtet alljährlich Zucht- und Sonderschauen wie auch Seminare rund um die Gans aus. Zudem liefert er nützliches Wissen über die artgerechte Gänsehaltung sowie über die erfolgreiche Zucht. Zubereitungshinweise und Kochrezepte gehören jedoch nicht zur Kernkompetenz des Vereins – dafür gibt es jede Menge toller kulinarischer Ratgeber!

Auf größeren Flächen durchaus unkompliziert zu halten sind beispielsweise Rassen wie die Diepholzer Gans oder die deutlich größere Emdener Gans. Letztere wiegt ausgewachsen über zehn Kilo (Achtung: Lebendgewicht, nicht Leergewicht!) und toppt damit so manchen Kampfdackel. Für eindrucksvolle Warnbeschilderungen mit Abschreckungswirkung eignen sich bei Gänsen aber am besten die etwas kleineren Steinbacher Kampfgänse – widerstandsfähige Weidegänse mit fettarmem, feinfaserigem und zartem Fleisch. Gefährlich lecker!

Wer als streitbarer Nachbar sein tierisches Pendant sucht, der besiedelt seine Anlage am besten mit ein paar Straußen – den größten lebenden Vögeln. Unberechenbare Biester, die aggressiv, laut und gerne in Bewegung sind. Für sie benötigt man allerdings einige tausend Quadratmeter Grund, um nicht gegen die Vorgaben einer artgerechten Tierhaltung zu verstoßen. Vorsicht ist auch mit den eigenen Ridgebacks oder Schäferhunden geboten: Sie sollten nicht frei herumlaufen, denn wer will schon mit einem übel zugerichteten Hund permanent zum Tierarzt?!

Franz Obst als Rechtsanwalt meint dazu:
Wer sein Besitztum mittels Tierhaltung schützen will, sollte jedenfalls einen Blick ins Tierschutzgesetz werfen, das in § 3 deutliche Verbote regelt – etwa bei der Abrichtung von Tieren – und in § 17 und § 18 Straf- und Bußgeldvorschriften für Verstöße vorsieht. Außerdem gilt der alte Grundsatz: „Quäle nie ein Tier zum Scherz, denn es könnt geladen sein …"

Film ab: Videoüberwachung und Internet

Erwischt! Wieder mal erwischt! Und alles ist drauf! Das kommt jetzt aber ins Netz, das sollen alle sehen! So eine Sauerei! Heute beginnt die Privatsphäre meist erst an der Haustüre oder der Grundstücksgrenze. Bis dahin sind alle und jeder im Bilde, falls dem Nachbarn der Datenschutz und das Recht am fremden Bild schnurzegal sind. Nie gab es mehr Smartphones mit Filmfunktion und Videoüberwachungstechnik – erstklassig tarnbare Wildkameras aus dem jagdlichen Versandhandel inklusive. Überwachung ist machbar, Herr Nachbar! Und extrem einfach: Equipment kaufen, Kamera an und dann ab ins Netz mit dem filmischen Ergebnis!

Von da an wissen alle, wer Nachbars Katzen in Mülltonnen stopft, an Garagentore pinkelt, in Einfahrten und auf Gehwege kotzt, halbnackt besoffen durch Vorgärten trampelt, beim Schneeräumen Nachbarautos zuschüttet, mit Bobbycars durch Blumenbeete pflügt, seinen Hund in Sandkästen machen lässt … Meistens noch versehen mit den wichtigsten Infos, zum Beispiel den Anschriften der Übeltäter. Das bringt Quote beziehungsweise die meisten Klicks und zuweilen auch ergänzende Kurzbeiträge im TV. Die weltweite Fangemeinde wartet schon auf neues verwackeltes Enthüllungsmaterial aus Nachbarhausen.

Praktischerweise ist ja jeder sein eigener Regisseur und Kameramann. Dafür gibt es zwar weder Oscars noch goldene Palmen oder Bären, aber jede Menge justiziablen Stress mit den Nachbarn. Garantiert. Fehlt zwischendurch eigentlich nur noch die ein oder andere Werbeeinblendung: mit Adressen lokaler Rechtsanwälte oder Immobilienmakler beziehungsweise Möbelspediteure, die den Umzug der Geschädigten dann kostengünstig organisieren.

Franz Obst als Rechtsanwalt meint dazu:

Hier gilt selbstredend der Schutz durch das allgemeine Persönlichkeitsrecht. Allerdings ist die Installation einer Überwachungsanlage auf privatem Grundstück nicht unbedingt rechtswidrig. „Allein die hypothetische Möglichkeit einer Überwachung durch Videokameras und ähnliche Überwachungsgeräte beeinträchtigt das allgemeine Persönlichkeitsrecht derjenigen, die dadurch betroffen sein könnten, nicht. Deshalb ist die Installation einer Überwachungsanlage auf einem privaten Grundstück dann nicht rechtswidrig, wenn objektiv feststeht, dass dadurch öffentliche und fremde private Flächen nicht erfasst werden, eine solche Erfassung nur durch eine äußerlich wahrnehmbare technische Veränderung der Anlage möglich ist und wenn auch sonst Rechte Dritter nicht beeinträchtigt werden" (Bundesgerichtshof, Urteil vom 16.4.2010, Aktenzeichen: VI ZR 176/09).

Stop, Achtung, Vorsicht: Ge- und Verbotsschilder

Ein gut gemachtes Schild mit knackigem Text am passenden Ort kann unter Nachbarn für reichlich Zoff und schlechte Laune sorgen. Zumal der Fantasie beim Texten nur die Grenzen gesetzt sind, die der Gesetzgeber zum Thema üble Nachrede und Beleidigungen vorgegeben hat. Und das sind fast gar keine mehr ...

Wem als Nachbar dabei die Fantasie oder Ausdrucksstärke fehlt, der sieht sich am besten mal im Internet um. Seiten wie zitate.de, zitate.net oder zitate-online.de bieten für jeden böswilligen Nachbarn einen reichhaltigen Fundus, wenn Suchbegriffe wie „Dummheit", „Ignoranz", „Bildung" oder „Streit" eingegeben werden. Intellektuell anspruchsvollere Schild- und Plakatschreiber gehen auf aphorismen.de oder schlagen bei Karl Valentin und Wilhelm Busch nach. Wer mehr Zeit hat und Bewegung braucht, läuft über einen alten Dorffriedhof im niederbayrischen Hinterland: Was da so manchem Toten vor Jahrhunderten auf den Grabstein gemeißelt wurde, reicht dicke, um quietschlebendigen missliebigen Nachbarn die Schamesröte ins Gesicht zu treiben.

Achtung: Hinweisschilder mit deutlicher Beleidigungstendenz können vor dem Kadi enden. Sinnsprüche in exotischen Sprachen sind dagegen deutlich schwerer zu packen, solange keiner in der Nachbarschaft wohnt, der diese Sprache versteht. Also verfassen Sie ein paar nette Zotigkeiten doch einfach auf Isländisch, Inuktitut oder Mongolisch! Aber Vorsicht: Nicht auf Lateinisch texten, das kann nämlich jeder Jurist perfekt und reagiert darauf gegebenenfalls mit einer Klageschrift auf Hochdeutsch.

Der Rest ist eine Frage der Ausstattung: Gute Lesbarkeit ist genauso wichtig wie die Haltbarkeit des Pamphlets. Luxuslösungen mit Ewigkeitswert bieten da qualifizierte Steinmetze.

Bleibt nur noch zu klären, wer den Text lesen soll. Die ganze Nachbarschaft oder nur bestimmte Personen? Erfahrene Krawallnachbarn achten beispielsweise darauf, dass bei der Standortwahl keine fremden Grundstücksgrenzen verletzt werden. Nur so können sie sichergehen, dass das boshafte Schild nicht vorzeitig entfernt oder beschädigt wird. Steht so eine Schmähschrift auf eigenem Grund und Boden, ist deren Beschädigung oder Entfernung durch Dritte direkt die Basis für weitere Verfahren zu den Themen Hausfriedensbruch, Sachbeschädigung oder gar Diebstahl! Selbst bei den gelungensten Sprüchen ist den Verfassern davon abzuraten, sie auf fremde Hauswände oder den Autotüren des Zielobjekts anzubringen – auch das ist Sachbeschädigung!

Franz Obst als Rechtsanwalt meint dazu:

Wer seine eigenen Wände angemessen verziert, bewegt sich grundsätzlich auf rechtlich sicherem Terrain, es sei denn, der Adressat einer beleidigenden Äußerung ist unzweifelhaft auszumachen. In diesem Fall droht eine Strafanzeige wegen Beleidigung oder übler Nachrede gemäß §§ 185 ff. Strafgesetzbuch (StGB). Wer eine solche Anzeige erstatten will, sollte allerdings die Antragsfrist von drei Monaten, innerhalb derer der Strafantrag zu stellen ist, im Auge behalten. Vergreift man sich zur Verschönerung des nachbarschaftlichen Umfeldes an fremden Objekten, winkt § 303 StGB mit Strafe wegen Sachbeschädigung, wobei auch hier die Strafantragsfrist von drei Monaten ab dem Vorfall gilt.

Papierkrieg mit Abmahnungen, Eingaben und Schiedsverfahren

Nichts ist bequemer als ein nachbarschaftlicher Stellungskrieg am heimischen PC. Dazu werden Grundbuchauszüge, Katasterunterlagen sowie ein paar Titel oder Links zum Nachbarschaftsrecht benötigt. Hilfreich sind außerdem eidesstattliche Versicherungen von Nachbarn aus dem eigenen Fanzirkel. Danach kann es dann losgehen: Mit einem ersten Anwaltstermin, sofern man rechtsschutzversichert ist. Oder gegebenenfalls in eigener Regie, falls das Verfahrensrisiko aus dem privaten Sparstrumpf bestritten wird. Erfahrene Krawallmacher suchen sich gerne Rechtsanwälte aus, die erst kurz im Geschäft sind. Denn die nehmen aus wirtschaftlichen Gründen zuweilen auch mal kleineren Nachbarschaftszoff an, selbst wenn der nicht besonders Erfolg versprechend ist. Trägt ja immerhin zur Deckung ihrer Büromiete bei – egal, was letztlich dabei herauskommt.

So oder so, es werden Forderungen gestellt oder Unterlassungen verlangt, klare Fristsetzungen und die Androhung weiterer Schritte im Fall der Nichterfüllung inklusive. Und natürlich die vertragsstrafenbewehrte Unterlassungserklärung – zugestellt per Übergabeeinschreiben mit Rückschein. Der Grundstein zum Nachbarschaftsstreit ist damit gelegt. Was nicht heißt, dass auf behördliche Eingaben oder Anzeigen verzichtet wird, denn eine zweite Front erhöht immer den Druck und strapaziert so das Nervenkostüm der Gegner.

Hinweis: Wer qualifizierten Streit sucht oder versehentlich davon betroffen ist, dem ist fast immer mit einer passenden Rechtsschutzversicherung gedient. Die aber – Achtung! – teilweise auch Wartezeiten zwischen Versicherungsbeginn und erstem Verfahren vorsieht. Oder verlangt, dass der Rechtsfrieden vor Versicherungsbeginn noch bestand (der Versicherungsvertrag zielt also nicht darauf ab, einen bestehenden Altkonflikt justiziabel aufzuheizen). Manche Versicherungen bieten – Gott sei Dank – anwaltliche Mediation zur Befriedung von Streitigkeiten an. Eine schöne Alternative nicht nur für Pazifisten und Blumenkinder, sondern für jeden wohlmeinenden Rechtsschutzversicherten ohne Krawallgene.

Es schadet auch nichts, zu einem möglichst frühen Zeitpunkt ortsgebundene, juristische Halblaien einzuspannen, also zum Schiedsmann zu gehen. Kostet fast nichts außer Zeit – natürlich auch dem ausgewählten Opfer aus der Nachbarschaft. Schiedsmänner und -frauen sind nette, honorige Mitbürger, die mitunter auch nachbarschaftlichen Blödsinn glauben und dann mit ihrem juristischen Halbwissen emsig befrieden wollen. Schön, so einen Gutmenschen mit ein paar Halbwahrheiten auf seiner Seite zu haben. Und die Schlichtung für irgendwas zu verlangen, was einem gerade so in den Sinn kommt: Der Hamster des bösen Nachbarn hat am Grenzzaun gesundheitsschädigend gefurzt, eine Bananenschale wurde absichtlich auf die Eingangsstufen gelegt, damit man sich die Knochen bricht. Oder der Nachbar hätte mit seinem Auto „kurz lang, kurz lang kurz, kurz kurz kurz, lang kurz lang kurz, kurz kurz kurz kurz" gehupt. Was eindeutig „Arsch" im Morsealphabet bedeutet!

Man muss dem Schiedsmann als Antragsteller ja nicht unbedingt verraten, dass man selbst für die Huperei verantwortlich war. Indem man mit ein paar kräftigen Faustschlägen auf Nachbars Autodach die Alarmanlage ausgelöst hat! Schiedsleute lieben Schlichtungsverfahren mit Beleidigungsinhalten, egal, wie weit hergeholt sie auch sein mögen. Aber Achtung: Es gibt davon betroffene Nachbarn, die fangen genau an dieser Stelle an, ernsthaft darüber nachzudenken, ob sie über diesen ganzen Wahnsinn nicht mal ein nettes Buch schreiben sollten …

Franz Obst als Rechtsanwalt meint dazu:

Es gilt der schöne Grundsatz „Vor Gericht und auf hoher See ist man stets in Gottes Hand"! Und: durch die Einführung von § 15a Zivilprozessordnung (ZPO) ist in bestimmten Fällen, gerade auch im Nachbarrecht, oftmals eine Klage erst zulässig, nachdem von einer durch die Landesjustizverwaltung eingerichteten oder anerkannten Gütestelle versucht worden ist, die Streitigkeit einvernehmlich beizulegen. Zahlreiche Bundesländer haben entsprechende gesetzliche Regelungen geschaffen. In einem kürzlich vom Amtsgericht München entschiedenen Fall war Streitgegenstand ein zwischen den Grundstücken zweier

Münchner Nachbarn direkt auf der Grenze errichteter Holzlattenzaun. Das AG München wies die Klage als derzeit unzulässig ab, weil kein Schlichtungsverfahren vorangegangen war (AG München, Urteil vom 9.6.2011, Aktenzeichen: 173 C 33578/10). Solche Regelungen sind von Baden-Württemberg, Bayern, Brandenburg, Hessen und Nordrhein-Westfalen getroffen worden. Auf dieses Erfordernis kommt es aber jedenfalls dann nicht an, „wenn die Parteien einvernehmlich einen Einigungsversuch vor einer sonstigen Gütestelle, die Streitbeilegungen betreibt, unternommen haben" (§ 15a Abs. 3 Satz 1 Einführungsgesetz zur Zivilprozessordnung).

Nachbar zum Nachbar

Deutsch

Nachbar zum Nachbar	Deutsch
„Wir wollen doch nicht so pingelig bei Grenzfragen sein."	Irgendwo musste unser Gartenhaus ja hin!
„Haben Sie die aktuellen Liegenschaftspläne?"	Tu nicht so blöd, du schuldest mir Land!
„Unser neuer Zaun verfügt über sehr viele schöne, dekorative Kunstschmiedearbeiten!"	Besondere Mühe hat sich der Schmied bei den Zaunspitzen gegeben, die sind nicht nur ratten-, sondern messerscharf!

108

„Unsere Heckenbepflanzung blüht nächstes Jahr bestimmt prächtig!"	Exakt zwei Wochen, den Rest des Jahres produziert dieses schnell wachsende Gestrüpp erstklassige Dornen!
„Ihr Hund freut sich sicher schon auf etwas mehr Grün zwischen unseren Gärten."	Und wir uns erst, wenn sich die kleine Töle dadrin stranguliert!
„So ein Biokomposter liefert uns den besten Mutterboden!"	Und euch jede Menge Gestank und Kriechtiere!
„Hoffentlich stört es Sie nicht, dass wir nur Naturdünger verwenden!"	Hoffentlich kotzt ihr bald, weil wir nur Naturdünger verwenden!
„Wir nehmen jetzt zum Kohleanzünden nur noch raucharmen Bioanzünder."	Bio ist fast alles – auch Naturschwefel!
„Unser Hund ist erstklassig erzogen."	„Sitz" und „Platz" üben wir noch, „Pass auf" und „Attacke" klappt schon sehr gut.
„Die Rasse ist extrem friedfertig."	Mit vollem Magen! Aber wir füttern wenig.

Nachbar zum Nachbar	Deutsch
„Die ganzen Kameras sind nur Attrappen – Einbruchsprävention!"	Attrappe drei zeichnet gerade im Garagenhof auf!
„Wann waren Sie denn zuletzt auf YouTube?"	Das solltet ihr gesehen haben, eure Tochter kotzt in euer Gemüsebeet!
„Unsere Kameras bieten allen Nachbarn mehr Sicherheit!"	Und uns beste Unterhaltung!
„Das sind nur ganz allgemeine Hinweisschilder."	Rechtlich geprüft und unangreifbar!
„Wir mögen kluge Zitate und Sinnsprüche."	Zu eurem Namen gibt es ja leider nichts Konkretes.
„Unsere Tochter studiert Jura und kennt sich sehr gut aus."	Endlich ein Prozesshansel in der Familie, der auch beruflich was aus seinen Neigungen macht.
„So ein Schiedsverfahren dient der unbürokratischen, außergerichtlichen Verständigung."	Ein richtiges Gericht wollte unseren Mist leider nicht verhandeln.

Mit Motor
und Technik

Heimischer Fuhrpark I: Bobbycars, Dreiräder, Skateboards, Gokarts ...

Es gibt nichts Schöneres als zufriedene und gut beschäftigte Kinder in der Nachbarschaft – und somit auch kein Leben ohne Bobbycar, Dreirad, Skateboard oder Gokart. Die motorbetriebenen Fahrzeuge für den kindgerechten Bodenkampf im nachbarschaftlichen Feindesland kommen ein paar Jahre später.

Tipp: Wer als Elternteil Spaß an diesen heißen Rennsemmeln bekommt und sich bei seinem Nachwuchs unsterblich machen will, der sollte mal über eine Beteiligung an der Bobbycar-WM nachdenken. Außerdem gibt es fast unendlich viele Möglichkeiten, diese Dinger völlig sinnbefreit so zu pimpen, dass sie im Wohnbezirk mehr Aufmerksamkeit erregen als jeder echte Sportflitzer. Raketenantrieb aus dem Modellbaukatalog inklusive ...

Die Rutscherautos in der Altersklasse ein bis drei Jahre sind noch ohne Rammschutz und aktive Antriebstechnik. Ein Hemdenmatz übt darauf, sich mit ausgestreckten Beinchen koordiniert fortzubewegen. Der Knirps (relativ leise) krächzt und jauchzt vergnügt, die Reifen (relativ laut) knattern und rattern dazu. Ab jetzt zählen für Nachbarn nur noch zwei Faktoren: Kleinkinddichte pro Quadratmeter und die Bodenbeschaffenheit der Gegend. Ein bis zwei Kleinkinder mit solchen Kisten sind auf Flüsterasphalt leiser als jede Küchenmaschine unter

Volllast. Ein achtköpfiges Kleinkindrudel inklusive ihren Rutscherautos mit Anhängern – sogenannte Trailer! – auf Kopfsteinpflaster ist hingegen ähnlich laut wie eine Rotte Leo 2 auf dem Truppenübungsplatz. Muttis können also immer prima hören, wohin sich die junge Intelligenz mittags bewegt: am lautstarken Gemotze der Nachbarn.

Nachbarn, die damit ein Problem haben, denken meist über zwei unterschiedliche Lösungen nach. Die nette Version kostet Geld und heißt Flüsterräder für alle. Das großzügige Geschenk von leisen und auch fahrdynamischen Vollgummireifen öffnet sämtliche Kinder- und Mütterherzen. Die fiese Lösung ist natürlich billiger, manchmal aber auch tränenreich: grobkörniger Sand oder feine Lavasteine auf der Rennpiste … Nix also, womit man sich als Nachbar wirklich Freunde macht …

Franz Obst als Rechtsanwalt meint dazu:

Kinderlärm ist seit der Änderung von § 22 Bundes-Immissionsschutzgesetz (BImSchG) im Juli 2011 kaum noch Gegenstand gerichtlicher Verfahren. Der Wortlaut ist auszugsweise folgender: „Geräuscheinwirkungen, die von Kindertageseinrichtungen, Kinderspielplätzen und ähnlichen Einrichtungen wie beispielsweise Ballspielplätzen durch Kinder hervorgerufen werden, sind im Regelfall keine schädliche Umwelteinwirkung. Bei der Beurteilung der Geräuscheinwirkungen dürfen Immissionsgrenz- und -richtwerte nicht herangezogen werden."

Heimischer Fuhrpark II: Aufsitzrasenmäher, Vollernter & Co.

Kein Handtuchgarten ist zu klein, um nicht mit einem robusten 15-PS-Rasenmäher (ausgelegt für Gärten ab zwei Hektar) gepflegt werden zu können. Solange es genug Platz zum Wenden gibt, ist ein solches Vehikel ein Muss. Und kaum ein verantwortungsbewusster Kleingärtner mit hundert Quadratmetern Zierrasen, zwei Bonsai-Obstbäumen und einem Gemüsebeet von weiteren 20 Quadratmetern mag zudem auf einen Vollernter verzichten: Der ist absolut notwendig für die selbst gezogenen Tomaten und Gurken.

Qualifizierte Geräte mit entsprechendem Lärmpegel erleichtern nicht nur die eigene Gartenarbeit – auch die Nachbarschaft soll schließlich was davon haben. Lärmterror und Sozialneid finden im „nachhaltigen Deutschland" längst nicht mehr durch die Porsches oder Harleys statt, die in der Auffahrt zu Höchstleistungen auflaufen. Was wirklich zählt, ist ein reichhaltig bestückter Fuhrpark im Geräteschuppen!

Hinweis: Im Juni 2014 findet in München auf dem Messegelände die nächste „Interforst" (Internationale Leitmesse für Forstwirtschaft und Forsttechnik) statt. Einfach schon mal im Kalender vormerken und auf das passende forstwirtschaftliche Profigerät hinsparen ... Vielleicht ist bis dahin aus den zwei Bonsai-Obstbäumen ja eine ganze Plantage geworden, wer weiß.

Die ungeschlagenen Könige hinsichtlich gebrauchsnutzenfreiem, lärmendem Sozialprestige sind alte – sorry – historische Traktoren! Wer jemals einen angeworfenen Lanz-Bulldog aus den frühen 1940er-Jahren in ein paar Metern Entfernung genossen hat, der weiß, was in der Nachbarschaft abgeht, wenn so eine Edel-Krawallmaschine mit steuerbefreitem H-Kennzeichen erst mal im Kleingarten herumtobt. Ernst zu nehmende nachbarschaftliche Gegenmaßnahmen sind kaum bekannt. Doppelreihige Autobahnschallschutzwände oder geschlossene Grundstücksüberbauungen mit Hangars könnten vielleicht funktionieren.

Franz Obst als Rechtsanwalt meint dazu:

Ganz so ungezwungen darf man sich indes nicht verhalten, immerhin ist Deutschland kein rechtsfreier Raum! Die 32. Verordnung zur Durchführung des BImSchG gibt hier näheren Aufschluss, § 7 dieser Verordnung lautet auszugsweise wie folgt:

„(1) In reinen, allgemeinen und besonderen Wohngebieten, Kleinsiedlungsgebieten, Sondergebieten, die der Erholung dienen, Kur- und Klinikgebieten und Gebieten für die Fremdenbeherbergung nach den §§ 2, 3, 4, 4a, 10 und 11 Abs. 2 der Baunutzungsverordnung sowie auf dem Gelände von Krankenhäusern und Pflegeanstalten dürfen im Freien

1. Geräte und Maschinen nach dem Anhang an Sonn- und Feiertagen ganztägig sowie an Werktagen in der Zeit von 20.00 Uhr bis 07.00 Uhr nicht betrieben werden,

2. Geräte und Maschinen nach dem Anhang Nr. 02, 24, 34 und 35 an Werktagen auch in der Zeit von 07.00 Uhr bis 09.00 Uhr, von 13.00 Uhr bis 15.00 Uhr und von 17.00 Uhr bis 20.00 Uhr nicht betrieben werden, es sei denn, dass für die Geräte und Maschinen das gemeinschaftliche Umweltzeichen nach den Artikeln 7 und 9 der Verordnung Nr. 1980/2000 des Europäischen Parlaments und des Rates vom 17. Juli 2000 zur Revision des gemeinschaftlichen Systems zur Vergabe eines Umweltzeichens (ABl. EG Nr. L 237 S. 1) vergeben worden ist und sie mit dem Umweltzeichen nach Artikel 8 der Verordnung Nr. 1980/2000/EG gekennzeichnet sind."
Rasenmäher gehören übrigens auch dazu.
ALLES KLAR? Gelegentlich hilft auch der Blick ins jeweilige Nachbarrechtsgesetz weiter …

Heimischer Fuhrpark III: Bagger und Planierraupen

Schön, wer einen Bauunternehmer zum Nachbarn hat und nicht verkracht ist. Denn mit ihm ist jeder Tag ein Erlebnis: Bauunter-

nehmer bringen gerne mal – speziell nach der Hannover Messe – eine ihrer etwas größeren Neuerwerbungen mit nach Hause. Kann und soll ruhig jeder sehen, dass die Geschäfte gut laufen und der Fuhrpark ordentlich wächst. Meist sind das zwar nicht unbedingt gleich die im Tagebau üblichen Schaufelradbagger – als respektables Gerät gilt in Kreisen des Baugewerbes ein ordentlicher Teleskopbagger oder eine Planierraupe. Wobei alles unter 60 Tonnen Eigengewicht als „Kinderspielzeug" beziehungsweise „Hobbygerät" verspottet wird.

Als Nachbar hört und spürt man die praktischen dicken Dinger schon lange, bevor man sie sehen kann. Erst reagiert die Tierwelt panisch, dann wackelt das Porzellan in den Schränken und schließlich brummt und donnert es so richtig. Zu diesem Zeitpunkt ist der Nachbar immerhin noch zwei Straßenzüge entfernt ... der Rest ergibt sich. Die Vorgärten der Nachbarschaft ergeben sich dann und wann auch.

Hinweis: Monstermaschinen selbst zu fahren und dabei Spaß zu haben oder Frust loszuwerden ist einer der wachstumsstarken Freizeittrends – für echte Kerle wie technikaffine Vollweiber. Diverse Anbieter haben fast alles in XXL im Programm, was es früher auch im Sandkasten gab: vom Schaufelradbagger über Radlader bis zu Raupen. Natürlich nicht im Maßstab 1:84 wie zu Kinderzeiten, sondern in 1:1 und in echt! Mehr als ausreichend motorisiert und mit jeglichem Haftungsausschluss bei Kollateralschäden wegen Fahr- und Bedienungsfehlern auf diesem Spielplatz. Wer noch was drauflegt, der darf sogar selbst mit einem Bagger über ausgemusterte Pkws brettern. Eine feine Gaudi, die zudem deutlich billiger und auch für Nachbarn stressfreier ist als jede Übungsstunde im heimischen Wohnviertel mit echten versicherungsrelevanten Haftpflichtschäden.

Ist aber auch ein saugeiles Männerspielzeug, so eine Monstermaschine. Mit der man selbst zu „Wetten, dass ...?" eingeladen wird, wenn die Bagger- oder Raupenschaufel mal nicht primitive Hauswände einreißen, sondern mittelhart gekochte Wachteleier köpfen soll. Wer sich mit solch einem Nachbarn streitet – und sei es nur, weil er versehentlich dessen Hund nicht freundlich gegrüßt hat –, der hat ein echtes Problem. Betroffene ziehen besser flott aus, bevor ihnen ihr Haus im wahrsten Sinne des Wortes verschüttgeht. Und alle anderen Nachbarn sollten auch die Klappe halten … sonst ist die schöne Wohngegend bald wieder ein Kartoffelacker.

Ansonsten sind Bagger nützliche nachbarschaftliche Großwerkzeuge. Denn ein geschulter Baggerfahrer als Nachbar hebt mit einer Schaufelfüllung nicht nur komplette Swimmingpools aus. Er bewegt auch schnell und gründlich größere Erdmassen für befreundete Nachbarn, die mehrgeschossige Tiefgaragen benötigen.

Franz Obst als Rechtsanwalt meint dazu:

Auch hier gilt natürlich die bereits genannte 32. Verordnung zur Durchführung des BImSchG. Im Übrigen haftet der Verursacher von Schäden natürlich nach den Vorschriften des Bürgerlichen Gesetzbuches (§ 823 ff. BGB), es sei denn, der gut beaufsichtigte, sechsjährige Sohn war zufällig mit dem Bagger auf Achse …

Tragbare Multifunktionsgeräte: Kettensägen, Laubbläser, Schlagbohrer ...

British Columbia ist überall – nicht nur in Kanada, sondern auch in Münchner, Berliner und Hamburger Gärten: schwer zugängliche Wälder, unberührte Natur, gewaltige Baumriesen ... oder Baumzwerge, die es in den nächsten 200 Jahren noch werden wollen. Da ist es wirklich gut, vorbereitet zu sein, um allzu ungezügeltem Wachstum Einhalt zu gebieten: „It's Kettensägen-und-Laubbläser-Time".

Bezeichnenderweise nennt sich das kettenummantelte Vorderteil einer Motorsäge dann auch Schwert. Was jeden Kettensägenbesitzer zu einer Art Ritter auf eigenem Grund und Boden macht – Schwertkämpfe am Gartenzaun natürlich inklusive: Da wird schnell mal mit einem etwas längeren Ausleger (Hochentaster) der grenzüberschreitende Baumbewuchs des Nachbarn mit plattgemacht. Und dies bis zu drei Metern ins Feindesland, sprich in Nachbars Grundstück.

Moderne Kettensägen können das – und noch viel mehr: Zur Motorvariante mit 20 PS und Tuningkit für Kette und Auspuff greifen die echten Rambos unter den Nachbarn! Wird dann versehentlich auch der Metallzaun des Nachbarn mitgehäckselt (wo gehobelt wir, fallen bekanntlich auch Späne), macht das dem Gerät nämlich gar nichts. Jeder Nachbar kann sich jetzt bestimmt gut vorstellen, was passiert, wenn er sein Auto mal zu nah am Zaun parkt. Psychologische Kriegsführung unter Nachbarn ist eben die halbe Miete …

Tipp: Für ambitionierte „Baumschredderer" gibt es die Holzfäller-WM, die der deutsche Motorsägen-Weltmarktführer Stihl international ausrichtet. Sie ist die Königsklasse im Holzfällen und wird in je drei Axt- und Sägedisziplinen ausgetragen. Bei der Motorsägendisziplin sind grundsätzlich ein Beinschutz mit Schnittschutzeinlage sowie Gesichts- und Gehörschutz vorgeschrieben. Wer hier mitmachen will, lässt sich am besten vom mehrfachen Deutschen Meister und Europameister, dem Forstwirt Dirk Braun aus Winterberg, beraten. Er ist der Schumi unter den Motorsägenstars. Der Mann hat übrigens noch alle eigenen Körperteile da, wo sie hingehören – er kann also wirklich was …

Ein vergleichbar lautmalerisches Gerät ist der Laubbläser. Wer sich so ein Ding umschnallt, ist zumindest optisch schon auf halbem Weg zum nachbarschaftlichen Kreuzzug. Laubbläser

sind besonders zum landgestützten Boden- und Luftkampf auf kurze Distanzen erstklassig zu gebrauchen. Mit ihm sauen erfahrene Nachbarn im Herbst die präzise kurz geschnittenen Rasenflächen von nebenan mit welkem Laub ein. Je nach Leistungsstärke des Geräts bis zu 20 Meter tief in Nachbars Garten!

Fertig!

KUHPE

Echte Laubbläserexperten, die ihr Gerät mit etwas technischem Grundverständnis getunt haben, pusten damit locker und ohne

unerlaubte Grenzüberschreitung (versehentlich?!) Gartenzwerge oder Terrakottabüsten um. Oder ballern im Sommer klammheimlich blütenweiße Trockenwäsche von fremden Leinen. Dass Kombigeräte mit Saugfunktion zudem das ein oder andere Kleintier auch ohne offiziellen „Miezi-Ansaugknopf" himmeln könnten, ist unter Fachleuten der Laubbläserszene bekannt. Aber natürlich keinesfalls gewollt!

Franz Obst als Rechtsanwalt meint dazu:
Auch der Laubbläser hat seinen Platz in der Anlage zur 32. Verordnung zur Durchführung des Bundes-Immissionsschutzgesetzes gefunden. Offenbar haben selbst Abgeordnete bereits einschlägige Erfahrungen auf diesem Gebiet gemacht. Also auf jeden Fall Ruhezeiten beachten!!! Und Vorsicht: Manchmal ist das Gerät – je nach Hersteller – für den hiesigen Gebrauch gar nicht zugelassen.

Inhouse können da nur wenige technische Gerätschaften mithalten – außer guten Schlagbohrmaschinen beziehungsweise Bohrhämmern. Diese putzigen Dinger ab zehn Kilo Eigengewicht sind nicht nur extrem nervtötend in den eigenen vier Wänden, sondern können auch einiges in Nachbars Wohnung anrichten. Um zum Beispiel einen Flachbildfernseher im nachbarschaftlichen Wohnzimmer mit einem Bohrhammer aus der

122

Wand zu reißen, muss man gar nicht durch die Wand, sondern kann kurz vorher aufhören – sobald nebenan jemand brüllt oder es dort einfach sehr laut scheppert. Auf der eigenen Seite ist das Spaßloch mit schnell bindendem Mörtel ruckzuck wieder zugekleistert. Passt schon!

Wer nur laut und damit störend sein will, der hat es noch einfacher: Der kauft im Baumarkt ein paar Lagen Gasbetonsteine und pulverisiert sie mit dem Schlagbohrer zu den besten Sendezeiten oder nächtens nah an der Wohn- oder Schlafzimmerwand seiner Nachbarn. Das Ergebnis ist erstklassiges Streugut für vereiste Wege und Einfahrten in diesem Winter, im nächsten und übernächsten!

Nachbar zum Nachbar	Deutsch
„So ein Bobbycar soll ja die natürlichen Bewegungsabläufe der Kleinkinder fördern."	Und schult gleichzeitig das erwachsene Gehör durch die Brüllerei seiner Nachbarn.
„Kinder müssen sich auch mal gemeinsam austoben können."	Die gemeinsame Fahrt durchs Blumenbeet fördert auf jeden Fall Kinderfreundschaften.
„Unser Kleiner bekommt jetzt ein stabiles Gokart!"	Mit eigener Kfz-Haftpflicht und Vollkasko!

Nachbar zum Nachbar	Deutsch
„Unser neuer Aufsitzrasenmäher ist extrem leise!"	In der Grundausstattung – das Tuningkit sorgt dann für den Krawall.
„Ein guter Gartenfuhrpark erleichtert die Arbeit!"	Yippie, das Wettrüsten hat begonnen! Ich leg vor!
„Eine historische Landmaschine war schon immer mein Traum!"	Moderne Kampfpanzer liegen mir noch mehr, aber wir fangen ja alle mal klein an.
„Der neue Bagger hat mich eine halbe Million gekostet!"	Irgendwann mache ich für das Ding auch noch einen Führerschein!
„Wenn ich Ihnen mal einen Gartenteich ausheben soll, sagen Sie einfach Bescheid."	Dann fangen wir erst mal damit an, deine Garage aus dem Weg zu räumen – die hat mich schon immer gestört!
„Sorry, aber ich glaube, ich habe beim Rangieren mit der Raupe einen Kratzer in Ihr Auto gemacht ..."	... beim Einparken – nach dem Ausparken war der Wagen auf einmal ganz verschwunden.

„Ich habe gerade einen Motorsägenkurs am liegenden Holz gemacht."

Spätestens wenn der erste umgesägte Baum auf dein Auto fällt, hat er was gebracht!

„So eine Motorsäge ist wahnsinnig praktisch und leicht bedienbar."

Das Ding ist saugefährlich, aber ich steh ja am richtigen Ende!

„Dass der Laubbläser so stark ist, hätt ich echt nicht gedacht."

War eine Scheißidee, euer neues Reetdach!

Danksagung

Ich möchte als Mensch, Rechtsanwalt und Mediator an diesen humorvollen und zugegebenermaßen etwas länger geratenen „Schriftsatz" einige sehr herzliche Dankeschöns anfügen: Danke zu allererst meiner Familie, das heißt meiner großartigen Frau Silvia – und unserer coolen Tochter Ann-Sophie – für ihre Geduld mit mir und ihre Unterstützung beim inhaltlichen Feinschliff und Korrekturlesen! Danke dir, mein lieber Freund Rolf, für diese Buchidee und die tolle gemeinsame inhaltliche Umsetzung. Die Zusammenarbeit mit dir war und ist ein echtes Vergnügen! Ein dickes Dankeschön den Mitmachern im und um den Langenscheidt Verlag – Simone Kohl, Alexandra Bauer, Stefanie Schill und ihren Kollegen – für die gemeinschaftliche Buchwerdung des Themas! Herzlichen Dank zudem Richard Föhr für das kreative Fotoshooting! Sowie meinen lieben Freunden beim Sender „RTL" und der Produktionsgesellschaft, die mich lange vor dem Buch freundschaftlich kollegial an den hohen Unterhaltungswert nachbarschaftlichen Miteinanders herangeführt haben. Vielen Dank dafür an Meikel Giersemehl, Markus Küttner, Tim Maxara, Katrin Hector, Sara Ghaeizadeh sowie die ganze Crew vom „RTL-Nachbarschaftsstreit"!

Franz Obst

Ich danke allen, die an der Entstehung dieses Buches beteiligt waren, sehr herzlich! Meinem kreativ genialen Freund Franz Obst und dem entspannten Langenscheidt-Team, allen voran Alexandra Bauer und Simone Kohl! Danke an meine Freunde Dieter und Ewald in der wunderschönen Eifel, die mir – außer Haus – Schreib- und Erholungsquartier in der Villa Paradiso gaben! Sowie zwei großartigen Nachbarn, die für mich beispielgebend für herzliche und intakte Nachbarschaftsverbindungen sind: Danke euch dafür, Karin und Ernst! Herzlichen Dank auch einem fachkompetenten und engagierten Rechtsanwalt aus dem Bergischen Land sowie der 2. Zivilkammer des LG Aachen für ein paar spannende nachbarschaftsrechtliche Impulse mit positivem – gerechtem – Verfahrensausgang! Last but not least, das wichtigste Dankeschön an meine Frau Birgit, die mich in der Zeit des Schreibens mal wieder klag-, aber nicht freudlos familiär ertragen und mich mit ihrer ehrlichen, humorvollen und konstruktiven Inhaltskritik zu diesem Buch so stark unterstützt und positiv begleitet hat!

Rolf Deilbach

Fotonachweis